AUSGEWÄHLTE DOKTORDISSERTATIONEN
DER
LEIPZIGER JURISTENFAKULTÄT.

DAS
OBJEKTIVE VERFAHREN
NACH DEM
REICHSSTRAFPROZESSRECHTE.

VON

DR. IUR. MAX FRIEDLÄNDER.

LEIPZIG,
VERLAG VON VEIT & COMP.
1895.

Druck von Metzger & Wittig in Leipzig.

Vorwort.

Den Ausdruck „objektives Verfahren“ wenden unsere Gesetze selbst nicht an. Er ist durch die Wissenschaft eingeführt worden, jetzt aber allenthalben in Theorie und Praxis gebräuchlich für eine besondere, eigentümliche Prozeßart, die auch in den außerdeutschen, modernen Gesetzgebungen sich findet, und die speziell in unserer Strafprozeßordnung in den §§ 477—479 unter der Überschrift „Verfahren bei Einziehungen (und Vermögensbeschlagnahmen)“ behandelt ist.

Die erwähnten Paragraphen der Prozeßordnung stützen sich auf zahlreiche Bestimmungen in unseren Strafgesetzen, welche, unter den im einzelnen Falle angegebenen Voraussetzungen, die Einziehung, Vernichtung oder Unbrauchbarmachung der sogenannten instrumenta und producta sceleris[1] auch als eine selbständige Maßregel zulassen, beziehungsweise vorschreiben. Während nämlich prinzipiell die Konfiskation nur zugleich mit einer Bestrafung des Delinquenten stattfindet, tritt in jenen einzelnen Fällen eine Ausnahme ein, wenn es aus thatsächlichen[2] Gründen unmöglich ist, den Schuldigen zur

[1] „Gegenstände, welche durch ein vorsätzliches Verbrechen oder Vergehen hervorgebracht oder welche zur Begehung eines vorsätzlichen Verbrechens oder Vergehens gebraucht oder bestimmt sind“ (§ 40 St.G.B.). Es ist dies die Hauptart der instr. und prod. sceleris, die dann in anderen Gesetzen eine speziellere Gestalt annehmen (z. B. § 41 St.G.B.), auch bei Übertretungen oder fahrlässig begangenen Delikten durch Sonderbestimmungen in Betracht gezogen wurden. Wann Gegenstände durch das Delikt „hervorgebracht“, und wie die Grenzen des Gebrauches oder der Bestimmung „zur Begehung“ eines Deliktes zu ziehen seien, kann hier nicht erörtert werden. Vergl. hierfür besonders die Ausführungen von Köbner (Die Maßregel der Einziehung u. s. w., Berlin 1891) S. 10 ff. und die Kommentare zu § 40.

[2] Siehe das Nähere unten bei den speziellen Ausführungen.

Verantwortung zu ziehen. Falls nun beim Vorhandensein dieser Voraussetzungen ein Verfahren eingeleitet werden sollte, würde es schwer sein, mit den gewöhnlichen Grundsätzen des Strafprozesses auszukommen und ihnen folgend der Eigentümlichkeit jener materiellrechtlichen Bestimmungen gerecht zu werden.

Darum hat die St.P.O. in den §§ 477—479 dieses „objektive Verfahren", dies Strafverfahren ohne Angeklagten, durch besondere Normen geregelt, wobei sie es jedoch im ganzen den allgemeinen Formen des Strafprozesses einfügte.

Dennoch ist die Praxis auf dem Gebiete des objektiven Verfahrens eine äußerst schwankende. Die Theoretiker aber haben meist nur wenige oder wenig gründliche Worte für dasselbe übrig, mit denen sich die komplizierte Materie nun einmal nicht abthun läßt. Die Wichtigkeit der Einhaltung fester prozessualer Grundsätze ergiebt sich aus der Wichtigkeit der Interessen, die zu gefährden eine selbständige Einziehung unzweifelhaft imstande ist. Deshalb wollen wir versuchen, diese Grundsätze aus dem geltenden Rechte zu erkennen und im Zusammenhange festzustellen; darin wird zugleich ein stillschweigender Hinweis auf die Mängel unserer Gesetzgebung enthalten sein.

Wir werden zunächst allgemein die hauptsächlichsten Charakteristika des objektiven Verfahrens darlegen, um dann im einzelnen dem prozessualen Gang, wie er sich aus den Spezialbestimmungen der §§ 477 ff. und den darauf anzuwendenden gewöhnlichen Prozeßregeln ergiebt, zu folgen.

Leipzig, im Herbst 1894.

Der Verfasser.

Inhalt.

Zweiter Abschnitt: Der Gang des objektiven Verfahrens.

Erklärung der Abkürzungen.

Dresden = Annalen des kgl. sächs. Oberlandesgerichts Dresden. Herausgegeben von Klemm und Lamm.
E = Entscheidungen des Reichsgerichts in Strafsachen. Herausgegeben von den Mitgliedern des Gerichtshofes.
G.A. = Goltdammers Archiv für Strafrecht.
G.S. = Gerichtssaal.
H.H. = v. Holtzendorffs Handbuch des deutschen Strafprozeßrechts.
Kammergericht = Jahrbuch f. Entsch. d. Kammergerichts. Herausgegeben von Johow und Küntzel.
München = Sammlung von Entsch. d. kgl. Oberlandesger. München.
R = Rechtsprechung des Reichsgerichts in Strafsachen. Herausgegeben v. d. Mitgl. d. Reichsanwaltschaft.
R.G.Bl. = Reichsgesetzblatt.
Stenglein Zeitschr. = Zeitschrift f. Gerichtspraxis und Rechtswissenschaft in Deutschland.

Die bloßen Namen bezeichnen die Lehrbücher des Strafrechts und Strafprozesses, sowie die Kommentare zum St.G.B. und zur St.P.O. Benutzt sind die Lehrbücher

des Strafrechts von: Berner, Binding, Hälschner, v. Liszt, Merkel, Hugo Meyer;
des Str.P.Rechts von: Dochow, Geyer, Glaser, v. Kries, Rintelen, Stenglein, Ullmann.

Ferner die Kommentare

zum St.G.B. von: Olshausen, Oppenhoff, Rubo, Rüdorff-Stenglein, v. Schwarze;
zur St.P.O. von: Bomhard u. Koller, Dalcke, Daude, Dorendorf, Keller, Löwe, Puchelt, v. Schwarze, Stenglein, Thilo, Voitus.

Wo nichts besonderes angegeben, sind die neuesten Auflagen benutzt.

Erster Teil.

Das Wesen des objektiven Verfahrens.

§ 1. Einleitung.

Ich verstehe unter dem Wesen des objektiven Verfahrens die Summe derjenigen Eigenschaften, welche dasselbe hauptsächlich zu einem besonderen und von anderen prinzipiell verschiedenen machen. Worin und wie weit diese Verschiedenheit in Wahrheit besteht, werden die folgenden Ausführungen ergeben; hier mögen nur diejenigen Punkte aufgezählt werden, deren Betrachtung selbst prima facie nötig erscheint, um das Wesen des objektiven Verfahrens zu ergründen. Dies sind:

1. Der eigentümliche Zweck und Inhalt des Verfahrens, als Folge des materiellen Rechtes, auf dem unsere Bestimmungen beruhen. Der § 42 St.G.B. (samt den ihm analogen anderen Gesetzen) bildet einen jener Punkte, an welchen materielles Strafrecht und Strafprozeß untrennbar zusammenhängen. Die Bestimmungen des einen sind ohne die des anderen nicht verständlich, und ganz besonders die Regelung des Verfahrens in der St.P.O., überhaupt dessen ganze Natur, wird ergänzt resp. bestimmt durch Hinzuziehung der §§ 42 u. s. w., die, wie wir später sehen werden, geradezu prozeßrechtliche Normen enthalten.[1]

Es wird deshalb vor allem unsere Aufgabe sein, die materiellrechtlichen Grundlagen des Verfahrens insoweit zu betrachten, als dies zum Verständnis desselben unbedingt notwendig ist.

2. Die Unterscheidung zwischen fakultativer und obligatorischer Einziehung,

3. Die Subsidiarität der Maßregel und des Verfahrens.

4. Die sogenannten „Einziehungsinteressenten“ und ihre Stellung im Prozesse.

---

[1] Es giebt noch andere Materien, die recht eigentlich auf der Grenze zwischen Strafrecht und Prozeß liegen und bald bei dem einen, bald bei dem anderen behandelt werden: man denke nur an den „Strafantrag“.

Erstes Kapitel.

Die materiell-rechtlichen Voraussetzungen des objektiven Verfahrens.

§ 2. **Welche Strafgesetze kommen in Betracht?**

Der § 477 St.P.O. erklärt das objektive Verfahren für anwendbar in den Fällen, in welchen nach § 42 St.G.B. oder nach anderweitigen gesetzlichen Bestimmungen auf Einziehung u. s. w. selbständig erkannt werden kann.

In der Lehre von der Einziehung bilden die §§ 40—42 St.G.B. den allgemeinen Teil; sie umfassen das Prinzip, dasjenige, was als Regel für alle Fälle gilt. Deshalb enthalten sie Einschränkungen, die später an einzelnen Stellen des besonderen Teiles, sowie in zahlreichen Nebengesetzen wieder beseitigt werden. Der § 42 schließt sich seinem Wortlaut nach eng an die §§ 40 und 41 an und unterliegt auch den in diesen Paragraphen normierten Beschränkungen. Wenn also z. B. die allgemeine Bestimmung des § 40 nur auf Verbrechen und Vergehen und nur auf solche instrumenta vel producta sceleris Anwendung findet, die dem Thäter oder einem Teilnehmer gehören, so gilt genau das gleiche von § 42.

Werden nun aber die Beschränkungen des allgemeinen § 40 im besonderen Gesetze (z. B. §§ 295, 360, 367, 369 St.G.B.) aufgehoben, so kann man daraus keineswegs schließen, daß § 42 auch auf diese weiteren Bestimmungen Anwendung finde; denn er läßt die selbständige Maßregel nur für die Fälle des § 40 (und 41) zu, und aus nichts können wir entnehmen, daß er einen Grundsatz für jede Einziehung überhaupt aufstellen wolle. Man zieht mit Unrecht hier die Motive zum Beweise heran.[1] Mag auch der Gesetzgeber etwas anderes gewollt haben, so hat er doch mit seinen Worten so unzweideutig das zum Ausdruck gebracht, was soeben dargelegt wurde, daß jede andere Interpretation eine Veränderung des Gesetzes bedeuten würde.

---

[1] Die Motive zu § 42 sagen im Schlußsatz: „Die gleiche Befugnis (nämlich auf Einziehung selbständig zu erkennen) findet auch in den Fällen statt, in denen eine Einziehung einzelner Gegenstände, z. B. bei gewissen Übertretungen, besonders vorgeschrieben ist.“ Gleicher Ansicht sind Bomhard und Koller 345; Thilo 524; v. Schwarze, St.G.B. § 42, No. 5; Oppenhoff, St.G.B., § 42, No. 2; John in Holtzendorffs allg. deutscher Straf-R.-Zeitung XII, 66; Kammergericht IV, 332 ff.; XI, 295; München V, 367; VI, 293; Stenglein Zeitschrift VII, 4; IV, 72 ff.; Zeitschrift für Elsaß-Lothringen XI, 524 ff.; Köbner, Einziehung 37; Stenglein, Kommentar § 477, No. 1; offenbar auch Nissen, „Einziehung“ (in den Straßburger Festgaben für Planck 1887) S. 93.

Die Richtigkeit unserer Ansicht ergiebt sich ferner aus einer Vergleichung der strafrechtlichen Nebengesetze, welche Bestimmungen über die Einziehung enthalten. Es kann bei einer Gesetzgebung wie der unserigen nicht wohl auf Zufall beruhen, daß ein Teil jener Gesetze lediglich die (gewöhnliche) Einziehung anordnet, resp. zuläßt, während die Mehrzahl ausdrücklich einen Absatz über die selbständige Einziehung hinzufügt. Diese Verschiedenheit findet sich in auffallender Weise bei Gesetzen, die der Zeit nach[1] unmittelbar aufeinander folgen.[2]

Wir kommen daher zu dem Resultat: Die „anderweiten gesetzlichen Bestimmungen", die der § 477 St.P.O. erwähnt, können nur solche (Reichs- oder Landes-) Gesetze sein, welche ausdrücklich auch die selbständige Einziehung, Vernichtung oder Unbrauchbarmachung von Gegenständen zulassen.[3]

§ 3. Die Voraussetzungen der selbständigen Einziehung.

I. Man mag über die rechtliche Natur der in unseren Strafgesetzen normierten Einziehung[4] denken wie man will, man mag sie

[1] D. h. nach dem Datum ihrer Ausfertigung.

[2] Vergl. z. B. das Gesetz betreffend die Küstenfrachtfahrt v. 22/V. 1881 und Gesetz betr. die Bezeichnung des Raumgehaltes der Schankgefäße vom 20/VI. 1881. Noch deutlicher wird unsere Ansicht bewiesen durch § 15 des Nahrungsmittelgesetzes v. 14/V. 1879, in welchem der zweite Absatz ausdrücklich nur auf die §§ 12—14 für die selbständige Einziehung Bezug nimmt, während im ersten Absatz die regelmäßige Einziehung auch für die §§ 8, 10 und 11 zugelassen ist.

[3] Solche Reichsgesetze sind: Ges. betreffend den Verkehr mit Nahrungsmitteln u. s. w. vom 14/V. 1879, § 15 (R.G.Bl. 145); Ges. betr. den Spielkartenstempel v. 3/VII. 1878, § 10 (R.St.G.Bl. 133); Ges. betr. die Küstenfrachtfahrt v. 22/V. 1881, § 3 (R.G.Bl. 97); Ges. zur Ausführung der internat. Konvention betr. die polizeil. Regelung der Nordseefischerei u. s. w. v. 30/IV. 1884, § 2 (R.G.Bl. 48); Ges. betr. den Schutz des zur Anfertigung von Reichskassenscheinen . . . v. 26/V. 1885, § 3 (R.G.Bl. 135); Ges. betr. den Verkehr mit blei- und zinkhaltigen Gegenst. v. 25/VI. 1887, § 6 (R.G.Bl. 273); Ges. betr. d. Verwendung gesundheitsschädlicher Farben u. s. w. v. 5/VII. 1887, § 13 (R.G.Bl. 277); Ges. betr. d. Verkehr mit Ersatzmitteln von Butter v. 12/VII. 1887, § 5 (R.G.Bl. 375); Ges. betr. d. Schutz v. Vögeln v. 22/III. 1888, § 7 (R.G.Bl. 111); Ges. betr. d. Invaliditäts- und Altersversicherung v. 22/VI. 1889, § 154 (R.G.Bl. 97); Ges. betr. d. Prüfung d. Läufe und Verschlüsse der Handfeuerwaffen v. 19/V. 1891, § 9 (R.G.Bl. 109); Ges. betr. den Verkehr mit Wein u. s. w. vom 20/IV. 1892, § 9 (R.G.Bl. 599). — Für die Herbeiführung der in den Nachdrucksgesetzen geregelten „Einziehung" giebt es kein objektives Verfahren; dies erhellt schon aus den prozessualen Bestimmungen.

[4] Es wird hier abgesehen von den civilrechtlich zu erklärenden Maßregeln, wie sie im § 335 St.G.B. und in der Nachdrucksgesetzgebung enthalten sind.

für eine Strafe oder für eine Präventivmaßregel oder bald für das eine, bald für das andere halten; so viel sollte doch allgemein anerkannt sein, daß sie in allen Fällen die Folge einer strafbaren Handlung ist.

Es wird dies hauptsächlich in zwei Fällen geleugnet, nämlich in Bezug auf die §§ 41 (in Verbindung mit 42) und 152 St.G.B.

Der letztere soll, nach der extremsten Ansicht,[1] lediglich auf der Thatsache des Vorhandenseins von nachgemachtem oder verfälschtem Gelde u. s. w. basieren und also die objektive Gefährlichkeit dieser Gegenstände zum Grunde haben.[2] Diese Meinung wird zunächst schon durch den Wortlaut des Gesetzes widerlegt. Da heißt es, auf die Einziehung u. s. w. sei zu erkennen, auch wenn die Verfolgung oder Verurteilung einer bestimmten Person nicht stattfindet. Ich denke nun, mit diesem Schlußsatz giebt der Gesetzgeber deutlich genug zu erkennen, daß er das Vorhandensein, resp. das Vorhandengewesensein einer schuldigen Person voraussetzt; denn wie kann er die Negative so eng fassen, wenn er damit eine viel weiter umfassende Positive ausschließen will? Er sagt: Es ist auch gar nicht nötig, daß eine (bestimmte) Person als Urheberin der strafbaren Handlung verfolgt oder verurteilt werde! — Würde er sich so ausdrücken, wenn es ihm darauf ankäme, von der Notwendigkeit einer strafbaren Handlung überhaupt abzusehen?

Jener Ansicht, es genüge das Vorhandensein einer objektiven Gefährlichkeit, steht aber hier und in allen Fällen noch folgendes andere Moment entgegen:

Man wird, wie wir später noch sehen werden, nicht leugnen können, daß in unseren Strafgesetzen Maßregeln angedroht sind, die sich unter den Begriff der Strafe nicht subsumieren lassen.[3] Und doch ist ihre Anordnung dem Richter übertragen; ja sie finden mit Recht ihren Platz in den Strafgesetzen, da sie als Folgen strafbarer Handlungen eintreten. Über solche aber und nur über solche hat der Strafrichter zu urteilen; die Schwierigkeiten, die sich bei Feststellung der objektiven Seite der Delikte, vor allem aber bei Feststellung der subjektiven Schuld, ergeben, sollen durch ihn gelöst werden. Die Polizei dagegen übt Repressionen gegen Gefahren, welche dem gemeinen Wohl und der allgemeinen Ordnung drohen, ihre

---

[1] Eine nähere Erörterung dieser Einzelheiten läge von dem Gegenstande dieser Arbeit zu weit ab, wie denn überhaupt von den materiell-rechtl. Fragen hier nur die wichtigsten und für unsere Betrachtung notwendigen behandelt werden können.

[2] Dieser Meinung sind u. a.: Oppenhoff, St.G.B. § 152, No. 3; E XIV, 163, 164.

[3] Die es leugnen, müssen natürlich erst recht unserer Ansicht sein.

Thätigkeit ist eine viel mehr äußerliche. Es hieße daher geradezu die Aufgabe des Richters herabziehen und den einheitlichen Gedanken, der unser Strafrecht und den Strafprozeß durchdringt, zerreißen (ohne daß den Gesetzgeber eine Schuld träfe), wollte man den Richter, dem nur auf Grund seiner strafrechtlichen Beurteilung eines Falles die Verhängung polizeilicher Maßregeln zukommt, einfach zu einem der Polizei gleichgearteten Organe machen.

Noch größere Schwierigkeiten bereitet der Theorie und Praxis der § 41 und der darauf bezügliche Teil des § 42. Den Anlaß zu diesen Schwierigkeiten giebt der Wortlaut des ersteren Paragraphen, vor allem die Stelle: „Wenn der Inhalt einer Schrift . . . . strafbar ist.“ Man hat aus diesen Worten den Schluß gezogen, daß es wirklich einen „strafbaren Inhalt“ gebe, man hat den ungenauen und verhängnisvollen Ausdruck: „objektive Strafbarkeit“ sich zu nutze gemacht und ist schließlich dazu gekommen, die Schrift u. s. w. zur Person zu machen und sie als „Objektivierung des Gedankens“[1] zu etwas „an sich Strafbarem“ zu stempeln. Diese Auslegung vermag über die Schwierigkeiten hinwegzutäuschen, nicht aber dieselben zu beseitigen.

Zunächst setzt eine Handlung stets eine Person, eine strafbare Handlung stets eine strafbare Person voraus. Mit der „objektiv strafbaren Handlung“ will man offenbar eine Handlung bezeichnen, welche die äußeren Merkmale eines Deliktes hat und daher geeignet ist, wie das Delikt zu wirken. Werden aber diese äußeren Merkmale von dem Subjekt und dessen Willen losgelöst, so sind sie für das Strafrecht völlig bedeutungslos und können wiederum höchstens der Polizei Veranlassung zum Einschreiten geben. Daß der subjektive Wille in der Druckschrift, wie v. Liszt sagt, „objektiviert“ wird, ist natürlich richtig, und ebenso nicht zu bezweifeln, daß dieser „objektivierte Wille“ selbständig (oder durch Einwirkung unschuldiger Dritter) sehr gefährlich werden kann; allein ist denn damit irgend etwas gesagt? Wird dadurch etwas anderes als die Gefährlichkeit der Druckschrift dargelegt, die doch niemand bezweifelt? Der Wille bleibt der des Subjekts, mag er nun „objektiviert“ auftreten oder nicht!

---

[1] v. Liszt, Deutsches Preßrecht 1880, S. 209, 210. Gl. M.: Kammergericht IV, 335 ff.; Stenglein Zeitschrift VII, 3; R III, 52 ff.; R III, 191; R IV, 29; R VIII, 619; Keller 605. Unserer Meinung: Ullmann 573; Oppenhoff, St.G.B. § 41, No. 4; Olshausen § 41, No. 5; John in der allg. deutschen St.R.Zeitung XII, 63; Dresden X, 216; München IV, 22; Hälschner 633; Merkel 228; Rüdorff-Stenglein § 41 No. 4, Abs. 2; vergl. auch die Verhandlungen des XV. deutschen Juristentages, Band II, 291 (Stenglein) und S. 300 (Berggruen).

Nach richtiger Ansicht bedeuten die Worte des § 41: „Wenn der Inhalt .... strafbar ist" nur soviel, daß jemand in Bezug auf die Schrift u. s. w. eine strafbare Handlung begangen haben muß, die gerade durch den Inhalt sich als solche darstellt — im Gegensatz zur Form bei Preßdelikten. Eben dasselbe gilt auch für den § 42.[1]

II. An die Ausführungen unter I. schließt sich eng die Frage an, was wir unter der in § 42 erwähnten Nichtausführbarkeit[2] der Verfolgung oder Veurteilung einer bestimmten Person zu verstehen haben. Der Streit darüber, ob die selbständige Einziehung nur für den Fall der thatsächlichen Unausführbarkeit oder auch dann zugelassen sei, wenn die Verfolgung oder Verurteilung aus rechtlichen Gründen unmöglich ist, wird sich nach dem, was wir eben gesagt haben, leicht erledigen.[3] Wir sehen hier davon ab, sprachlich an dem Worte „unausführbar" herumzudeuteln; auch die Motive sollen hier nicht herbeigezogen werden, welche unter den Beispielen, die sie aufzählen, nur Fälle thatsächlicher Unausführbarkeit bringen; denn dies sind wohl Gründe für die Wahrscheinlichkeit einer Ansicht, aber keine Beweise.

Die Einziehung wird ausgesprochen als Folge einer strafbaren Handlung. Deraus ergiebt sich vor allem, daß keine solchen „rechtlichen Gründe" der Unausführbarkeit gemeint sein können, welche bewirken, daß die Handlung als strafbare nicht begangen wurde.

---

[1] Oppenhoff, der in Bezug auf § 41 selbst mit uns übereinstimmt, sagt zu § 42 (No. 4): „Da ... seine (des § 41) wörtliche Fassung lediglich voraussetzt, daß der Inhalt einer Schrift strafbar sei, so darf aus der Bezugnahme auf ihn geschlossen werden, daß die selbständige Erkennung der daselbst vorgeschriebenen Maßnahmen überall Platz greift, wo objektiv die Strafbarkeit jenes Inhaltes vorliegt, sollte auch niemand mit der Schrift eine That begangen haben, durch welche er sich selbst strafbar gemacht hätte."

[2] In denjenigen Fällen, in welchen es sich bloß darum handelt, ob die Verfolgung u. s. w. stattfinde oder nicht, ist es gleichgültig, aus welchem Grunde die Verfolgung nicht stattfindet, wenn nur eine strafbare Handlung vorliegt.

[3] Allgemein für thatsächliche Unausführbarkeit entscheiden sich: H. Seuffert in v. Stengels Wörterb. I, 319, Spalte 2; Ullmann 573; Meves in H.H. II, 459; v. Schwarze, St.G.B. § 42, No. 2; Hälschner 634; Thilo 526; Dresden X, 216; Rubo § 42, No. 3; Olshausen § 42, No. 4—6; Dochow in v. Holtzendorffs Rechtslexikon I, 662; Binding, Grundriß St.R. 174; Binding, Handbuch 834. Doch bleiben nur wenige von den citierten Schriftstellern konsequent: besonders wird von vielen, die sonst nur thatsächliche Unausführbarkeit zulassen, bei der Verjährung eine Ausnahme gemacht. S. unten! — Auch bei rechtl. Unausführb. wird obj. Verf. allg. zugelassen von: Köbner, a. a. O. 48; Rüdorff-Stenglein, § 42, No. 3; Oppenhoff, St.G.B. § 42, No. 5; Rintelen 266, Anm. 1 und 2, v. Liszt, Preßrecht 218 ff.; Daude 236; Kammergericht IV, 337; E XIX, 371; R III, 53; R VI, 837; John, a. a. O. XII, 63.

Solche Gründe sind z. B. Unzurechnungsfähigkeit, jugendliches Alter, auch Notwehr.

Die hauptsächlichsten Meinungsverschiedenheiten entstehen bei der Frage, wie es sich bei der Verjährung und bei dem mangelnden Antrag (wenn ein Antragsdelikt vorliegt) mit der Anwendbarkeit der §§ 42 u. s. w. verhalte.

1. Die Verjährung.

Auch hier nehmen wir an, daß ein objektives Verfahren nicht eintrteten könne, — allerdings im Gegensatze zu einer sehr verbreiteten, fast herrschenden Meinung.[1] Doch führt letztere als Beweis meistens nur die Billigkeit ins Feld oder beruft sich auf das Wesen der Verjährung als einer mehr willkürlich vom Rechte eingeführten, die Strafbarkeit einer Handlung selbst nicht berührenden Institution. Nun ist es allerdings richtig, daß die strafbare Handlung ihren Charakter als solche durch die Verjährung nicht verlieren kann, wenn auch der Thäter nicht mehr strafbar ist; allein die Handlung hört auf, Grundlage strafrechtlicher Beurteilung oder Feststellung zu sein, sie ist eine Handlung, von der man weifs, daß sie als strafbare begangen worden ist, die aber von dem praktischen Recht jetzt als gleichgiltig behandelt wird. Sie ist also nichts als eine historische Thatsache. —

Das objektive Verfahren erfordert eine exakte Feststellung des ihm zu Grunde liegenden Deliktes; nun richtet sich dieses Verfahren allerdings nicht gegen den Schuldigen; allein kann es ihn darum nicht doch sehr hart treffen, wenn über seine Schuld bei jenem Delikt öffentlich verhandelt wird; läge hierin nicht ein Übel, das ihn nach eingetretener Verjährung schlechterdings nicht treffen dürfte?[2]

2. Der mangelnde Strafantrag.

Es ist hier nicht unsere Aufgabe, in dem Streite über die rechtliche Natur des Strafantrages Stellung zu nehmen. Denn wir

---

[1] Bei Verjährung lassen obj. Verf. ausdrücklich zu: Meves in H.H. II, 459; Thilo 526; Berner 228; Oppenhoff, St.G.B. § 42, No. 6; John, a. a. O. XII, 67, 68; Rüdorff-Stenglein, § 42, No. 4; v. Liszt, Preßrecht 221; Kammergericht IV, 337; Stenglein Zeitschrift III, 282; Merkel 229; v. Schwarze, St.G.B., S. 87, Abs. 6. — Bei Unausführbarkeit der Strafvollstreckung ist das obj. Verf. übrigens nicht zulässig. Gl. M.: Merkel in v. Holtzendorffs Handb. des deutsch. St.R. IV, 85; R V, 389; Olshausen § 42, No. 8. — A. M.: Oppenhoff, St.G.B., § 42, No. 7; Straßburg (Jurist. Zeitschr. für Els.-Lothr. XI, 524 ff.).

[2] Die Polizei wird darum ebensowenig wie in den anderen Fällen der Nichtanwendbarkeit der §§ 42 u. s. w. Anstand nehmen, die betreffenden Sachen, wenn sie gefährlich sind, einzuziehen, resp. unschädlich zu machen, aber eben nicht auf Grund der Feststellung eines Deliktes, sondern nur vom Gesichtspunkte ihrer Gefährlichkeit aus.

können folgerichtig nur zu dem Schlusse kommen, daß auch der Mangel des Antrags das objektive Verfahren ausschliefst,[1] einerlei, ob derselbe nur eine prozessuale Voraussetzung oder eine materielle Bedingung der Strafbarkeit ist.

Ist die letztere Ansicht richtig, so bedarf dies nun keiner Erörterung mehr; schließen wir uns aber der ersteren an, so müssen wir sagen, daß das Delikt, dessen prozessuale Verhandlung nur nach erfolgtem Antrag stattfinden darf, im objektiven Verfahren gerade so gut verhandelt wird, wie in dem gegen eine Person gerichteten, und daß die Gründe, welche die prozeßbedingende Funktion des Antrags rechtfertigen (also hauptsächlich das Interesse des Verletzten an dem Nichtbekanntwerden des Deliktes), auch für das objektive Verfahren vorhanden sind.

§ 4. Die rechtliche Natur der selbständigen Einziehung.

Wir können die Natur der selbständigen Einziehung mit Erfolg nicht prüfen, ohne zugleich einen Blick auf das Wesen der Konfiskation überhaupt zu werfen.

A. Die Bestimmung der rechtlichen Natur der Einziehung, wie sie in unseren Strafgesetzen normiert ist, hat der Theorie von Anfang an große Schwierigkeiten bereitet. Noch heute sehen die Einen in der Einziehung stets nur eine Strafe,[2] die anderen stets nur eine polizeiliche Präventivmaßregel,[3] während eine dritte Gruppe bald das erste, bald das letztere annimmt, wobei aber wiederum hinsichtlich des Wann und Warum die Ansichten erheblich auseinandergehen.

---

[1] So jetzt auch die herrschende Meinung. Vergl. vor allem E XI, 119 ff.; Stenglein, Zeitschr. VII, 3, 4; Stenglein, Lehrb. 371; Stenglein, Kommentar § 477, No. 6; v. Liszt, Preßrecht 219; Zeitschr. f. ges. Str.R.Wissenschaft IX, 206 ff.; Olshausen § 42, No. 6b.; Rüdorff-Stenglein § 42, No. 5; Verhandlungen des XV. deutsch. Juristentages II, 294 ff. (Stengleins Rede); sowie die in Anmerk. 7 (Anfang) Citierten. — Die meisten Schriftsteller, die sonst auch bei rechtlicher Unausführbarkeit das objektive Verfahren zulassen, thun dies nicht bei mangelndem Strafantrag. Anders jedoch: Berner 228; Stenglein, Zeitschr. III, 282; Oppenhoff, St.G.B. § 42, No. 1 und 6; wohl auch John, a. a. O. XII, 57 ff.

[2] Diese Ansicht vertreten: Kohler, Patentrecht 1878, S. 575 ff.; Francke in G.A. XX, 19 ff.; Heinze in G.A. V, 166 ff.; John, a. a. O. XII, 57 ff. (Dieser Schriftsteller erklärt die Einziehung für eine objektive Strafe, eine „Strafe für das Verbrechen, nicht den Verbrecher". Hier ist „Strafe" eigentlich nicht mehr im juristischen Sinne gebraucht.)

[3] So: Nissen, a. a. O.; Köbner, a. a. O. (bes. S. 32 ff.); v. Liszt, Strafrecht 1891, S. 251 ff.

I. Kohler begründet seine Ansicht, die Einziehung sei stets eine Strafe, im wesentlichen damit, daß die betreffenden Paragraphen des allgemeinen Teils sich unter der Rubrik der Strafen befänden, und ferner mit dem Argument, daß die Beschränkung des § 40 auf die Sachen des Thäters oder Teilnehmers sich nur mit dem Charakter der Strafe, nicht aber mit dem der polizeilichen Präventivmaßregel vertrage. Der erstere Beweis ist ein äußerlicher oder vielmehr gar keiner: denn die Auffassung des Gesetzgebers über die Natur seiner Bestimmungen kommt da, wo sie nicht in dem Inhalt der Bestimmungen selbst zum Ausdruck gelangt ist, so wenig in Betracht, wie z. B. bei einem Vertrage, der seinem Wesen nach als Kauf zu Stande gekommen ist, die Abmachung der Kontrahenten, daß sie hier einen Pachtkontrakt geschlossen hätten.

Als zweiten Beweis führt Kohler die Thatsache an, daß das St.G.B. im allgemeinen nur die Konfiskation solcher Gegenstände gestattet, welche dem Thäter oder einem Teilnehmer gehören.[1] Damit will er offenbar sagen, der § 40 enthalte das oberste und allein maßgebende Prinzip für die Beurteilung der rechtlichen Natur der Einziehung. Das ist aber falsch: denn gerade das Erfordernis des § 40, das uns den Charakter seiner Maßregel als Strafe auf den ersten Blick wahrscheinlich macht, fällt in den meisten speziellen Bestimmungen fort, und dieses Fortfallen muß, wenn anders sich jenes Erfordernis wirklich als maßgebend für die rechtliche Natur des § 40 herausstellt, die Einziehung in den erwähnten Sonderbestimmungen unbedingt zu einer anders gearteten machen. Auch wenn wir Kohler einräumten, das Prinzip sei: „Die Einziehung ist Strafe", und dieses Prinzip sei in § 40, also dem allgemeinen Paragraphen, zum Ausdruck gelangt, so könnten wir deshalb doch nicht davon absehen, daß es in den speziellen Paragraphen nicht zum Ausdruck gelangt wäre. Kohler müßte dann sagen: Eigentlich ist die Einziehung Strafe; in besonderen Fällen ist sie jedoch de lege lata nicht Strafe.

Daß es aber solche Fälle giebt, in denen sie Strafe nicht sein kann, wird sogleich bewiesen werden.

Diejenigen Gesetze, welche die Einziehung für zulässig oder notwendig erklären, gleichviel, ob die Gegenstände dem Thäter oder Teilnehmer gehören oder nicht,[2] erklären damit ausdrücklich, daß

---

[1] Kohler, Patentrecht 577.

[2] St.G.B. §§ 41, 152, 295, 296a., 360 Ziff. 1, 2, 4—6; 367 Z. 7—9; 369 Z. 2; Ges. v. 22/V. 1881, § 3; Ges. v. 26/V. 1885, § 3; Ges. v. 14/V. 1879, § 15; Ges. v. 3/VII. 1878, § 10; Ges. v. 9/VI. 1884, § 11; Ges. v. 12/VII. 1887, § 5; Ges. v. 22/III. 1888, § 7; Ges. v. 30/IV. 1884, § 2; Ges. v. 5/VII. 1887, § 13; Ges. v. 19/V. 1891, § 9; Ges. v. 20/IV. 1892, § 9.

sie keinen Anstand nehmen, einem Dritten auf Grund der strafbaren Handlung ein Übel zuzufügen. Natürlich ist dieses Übel hier nicht Zweck, sondern nur Mittel zu einem anderen Zweck. Wäre es Zweck, so würde der Dritte — ohne daß das Gesetz auch nur die Präsumtion einer Mitschuld aufstellte — für eine strafbare Handlung des Thäters bestraft, was unsinnig wäre. Wie aber will man es konstruieren, daß der Thäter durch das dem Dritten zugefügte Übel bestraft werde? Wenn man sagt, der Staat setze den Thäter einer Civilklage von Seiten des Dritten aus,[1] so entgegnen wir, daß dies doch wahrlich nicht die Absicht des Staates ist und auch gar nicht immer zutrifft. Eine Strafe aber — der Grundsatz muß allgemein anerkannt werden — liegt nur da vor, wo auf Seiten des Strafenden der Wille vorhanden ist, dem Schuldigen ein Übel zuzufügen. Die thatsächliche Wirkung der staatlichen Maßregel im konkreten Falle kommt gar nicht in Betracht.[2] Dieser Grundsatz wird auch späterhin noch von Wichtigkeit für uns sein.

II. Die zweite Gruppe von Ansichten (Einziehung sei stets Präventivmaßregel) und die dritte Gruppe (Einziehung sei bald Strafe, bald Präventivmaßregel)[3] können hier im Zusammenhang betrachtet werden. Die Ansichten der dritten Gruppe gehen alle im wesentlichen davon aus, daß die Einziehung strafrechtliche und polizeiliche Funktionen zugleich enthalte, daß aber im einzelnen Falle bald die eine, bald die andere dieser Funktionen zurückgedrängt werde oder verschwinde.[4]

Alle Fälle, in denen eine Einziehung stattfinden soll, haben das Gemeinsame, daß Sachen (die individuell oder generell bestimmt sind) in die Verfügungsgewalt des Staates gebracht werden sollen. Der Staat disponiert über ein fremdes Gut, d. h. er disponiert darüber natürlich zum Nachteil anderer, und setzt sich bezüglich dieser

---

[1] Vergl. namentlich Francke in G.A. XX, 21. Er sagt, Strafe liege auch z. B. bei § 295 St.G.B. vor; denn daß andere Personen getroffen werden, sei nichts außergewöhnliches; auch ständen ihnen Ersatzansprüche zu.

[2] So werden, wie jedermann weiß, kleinere Freiheitsstrafen von gewissen (namentlich obdachslosen und arbeitsscheuen) Individuen häufig als Wohlthat aufgenommen, ohne daß deshalb ihr juristischer Charakter als Strafe entfällt.

[3] Allgemein erklären sich für diese Ansicht: Ullmann 571; Seuffert in v. Stengels Wörterbuch I, 312, Spalte 1; Berner 225; Rüdorff-Stenglein § 40, No. 12; Hälschner 631; Oppenhoff, St.G.B. § 42, No. 1; Merkel 228; Binding, Grundr. St.R. 174; Binding, Handb. 496; Stooß (Zur Natur der Vermögensstrafen, Bern 1878) S. 50 ff.; E XIV, 164, 169; R III, 566.

[4] Diese Ansicht wird hauptsächlich ausgeführt von Binding, Handb. 496 ff., deutlich ausgesprochen auch von Oppenhoff, St.G.B. § 42, No. 1. Binding a. a. O. sagt: „Diese Rechte ... sind an erster Stelle Strafrechte, an zweiter dienen sie den polizeilichen Zwecken. ... Ihre letzte Funktion kann fortdauern, auch wenn ihre erste versagt; und so bestimmt § 42 ...“

Personen für die einzelnen Fälle Schranken (§ 40.) Er hat es zunächst und vor allem auf ein bestimmtes Gut abgesehen, und wenn er im Einzelfalle dies Gut nur als Eigentum bestimmter Personen nimmt, so kann er natürlich dabei die Absicht haben, außer dem Objekt auch ein bestimmtes Subjekt zu treffen — er kann also unter Umständen selbst Strafwillen haben (s. u.) — allein das zuerst getroffene, allgemein und prinzipiell maßgebende bleibt das Objekt.

Ist dies aber bei einer Maßregel, die begrifflich und ursprünglich eine Strafe ist, denkbar? Kann z. B. bei Verhängung der Todesstrafe über einen Mörder der Staat etwa so deduzieren: „Du hast gemordet; ich habe durch diese That Anspruch auf ein Menschenleben; da nun feststeht, daß du gemordet hast, so nehme ich dein Menschenleben"?

Diese Auffassung wäre falsch: nicht das Gut (das Menschenleben) ist hier zunächst Angriffsobjekt des Staates — sodaß erst später der Träger dieses Gutes bestimmt würde — sondern die Person ist das Ursprüngliche, und das Leben als abstractum kommt gar nicht in Betracht.

Wenn aber die Einziehung begrifflich und allgemein eine Strafe nicht ist,[1] so kann sie nur ihrem Wesen nach eine ob-

---

[1] Nissen, a. a. O. 85, führt andere Gründe gegen die Strafnatur der Einziehung an. Er sagt, es fehlten im Gesetz alle Bestimmungen, die wir bei einer Strafe erwarten müßten, z. B. über die Umwandlung, Häufung, Vollstreckung, Verjährung; ferner spreche dagegen das objektive Verfahren und die Loslösung der Strafe von der mehr oder minder großen Intensität der Schuld. Ebenso Köbner, a. a. O. 4, 5. Abgesehen davon, daß die erwähnten Bestimmungen auch bei der Strafe des Verweises fehlen, könnten jene Gründe nur beweisen, daß unsere Gesetzgebung von der Grundauffassung ausgegangen sei, die Einziehung sei nicht Strafe; doch könnten auch diese Gesichtspunkte nicht Stand halten gegenüber den Bestimmungen des § 40 und der Beschränkung auf die Sachen des Thäters oder Teilnehmers (vergl. die weiteren Ausführungen im Text).

Ich halte es nicht für richtig, daraus, daß der § 40 die Einziehung als Strafe androht (s. u.), zu schließen, daß in unserer Gesetzgebung die Konfiskation ursprünglich Strafcharakter habe. Allerdings ist § 40 das erste und das allg. Ges. über die Einziehung für unser Strafrecht. Allein woraus schließen wir die Strafnatur der Konfiskation in diesem Paragraphen? Aus einem beschränkenden Nebensatze („sofern sie dem Thäter . . . gehören"), der uns so recht zeigt, wie hier ein ursprünglich dem Strafrecht fremdes Institut, eine sachliche Maßregel, erst künstlich so gestaltet werden mußte, daß sie die dem staatlichen Strafrecht unterliegenden Personen treffe. Ich meine also: Genau genommen ist gerade im § 40 der beschränkende Zusatz das Singuläre und nicht das Prinzip. Dies zeigt sich auch, wenn wir die Sonderbestimmungen des speziellen Teiles betrachten. Obgleich viele derselben ausdrücklich die Berücksichtigung der Eigentumsfrage ausschließen, wird dieselbe in anderen gar nicht erwähnt (vergl. § 152 St.G.B.; § 5 des Gesetzes betr. den Raumgeh. der Schankgefäße

jektive Maßregel, d. h. eine Maßregel von präventiv-polizeilicher Art sein.[1]

Es kann nun allerdings nicht bestritten werden, daß die präkavierende Natur der Einziehung nicht in allen Fällen befriedigt. Man wird sich oftmals beim besten Willen von der Gefährlichkeit gewisser Gegenstände für die Zukunft nicht überzeugen können und muß zugeben, daß in manchen Fällen die Maßregel mehr einen symbolischen,[2] als einen eigentlich praktischen Sinn hat, indem ihr ein Gedanke zu Grunde liegt, welcher dem der Talion nicht unähnlich ist.

Denjenigen Schriftstellern nun, welche in allen Fällen in der Einziehung nur eine Präventivmaßregel sehen, muß naturgemäß der § 40 St.G.B. einige Schwierigkeit bereiten. Sie glauben dieselbe zu lösen, indem sie die Klausel: „sofern sie dem Thäter .... gehören" für eine aus dem Recht herübergenommene Schranke der Verwaltungsmaßregel erklären, die aus Schonung für die Interessen Unschuldiger gezogen sei, jedoch an der Natur der Maßregel nichts ändern könne.

Dagegen ist folgendes einzuwenden:

Der Staat weiß, daß die Einziehung einer Sache, die im Eigentum steht (und nur um solche handelt es sich: denn herrenlose

---

v. 20/VII. 1881, R.G.Bl. S. 249). Dennoch herrscht nur eine Meinung darüber, daß z. B. § 152 St.G.B. — der ja sowohl das Regelverfahren wie das objektive Verfahren betrifft — von dem Eigentum absieht und nicht dem „Prinzip" des § 40 unterliegt, obgleich er mit keinem Worte eine Abweichung von demselben bezüglich der Eigentumsfrage erwähnt.

[1] Die Einziehung war auch früher lediglich Sache der Polizei (vergl. Nissen, a. a. O. 87 ff.). Hierauf — d. h. auf die Verhältnisse, aus denen heraus das preuß. St.G.B. und unser R.St.G.B. entstanden — müssen wir zurückgehen, wenn wir die rechtliche Natur der modernen Konfiskation historisch erklären wollen. Durch eine Vergleichung mit Instituten des älteren deutschen Rechtes werden wir kaum zu einem Resultate gelangen. Jenes kannte eine ganz andere Art von Einziehung, den Vermögensverfall, der sich aus der alten Friedlosigkeit und einer ihrer Folgen, der „Fronung" entwickelte, mit unserer Konfiskation aber um deswillen gar nichts gemein hat, weil ihm gerade das Hauptcharakteristikum derselben, nämlich die Ergreifung der bestimmten, mit dem Delikt zusammenhängenden Gegenstände, fehlt (vergl. über die Fronung: Brunner, Forschungen zur Gesch. des deutschen und französischen Rechts; Stuttgart 1894, S. 444 ff.).

[2] Dieser Gesichtspunkt wird stark übertrieben von v. Buri in GS. XXX, 250. Da heißt es: „Daß neben der Freiheitsstrafe und neben der Geldstrafe überhaupt noch auf gerichtliche Konfiskation und nicht vielmehr auf eine entsprechende und beziehungsweise erhöhte Geldstrafe erkannt werden soll, hat wohl vorwiegend eine sinnbildliche Bedeutung. Es soll besonders zum Ausdruck gebracht werden, daß der Verbrecher gerade denjenigen Gegenstand einbüßen müsse, mit welchem er delinquiert hat."

Sachen werden nicht eingezogen,[1] sondern okkupiert), in jedem Fall für irgend eine Person ein Übel ist. Er ignoriert diese Thatsache überall da, wo er es für gleichgiltig erklärt, wer Eigentümer sei: dann liegt nach den obigen Ausführungen nie eine Strafe vor, und zwar auch dann nicht, wenn in concreto zufällig der Schuldige Eigentümer ist.[2]

Der Staat ignoriert jene Thatsache aber nicht im § 40; hier bezeichnet er bestimmte Personen, die allein das Übel treffen darf. Er weiß also, daß er dem Thäter einer strafbaren Handlung als Folge dieser strafbaren Handlung ein Übel zufügt; wenn er dies aber weiß, d. h. bewußt thut, so will er es auch. Wenn er das Übel auch nicht um seiner selbst willen, sondern als notwendiges Mittel zum Zweck verhängt — also zwar den Willen, aber nicht immer den Wunsch, es zu verhängen, hat — so zeichnet er doch damit in bewußter Weise den Schuldigen vor dem Unschuldigen aus und verkündet allgemein im Gesetz: Nur den Schuldigen treffe die Maßregel, die ich zwar nicht immer verhänge, weil sie ein Übel ist, aber immer, in bewußter Weise, obgleich sie ein Übel ist.

Wie wollen denn die Anhänger des unbedingten und ausschließlichen Prinzips der polizeilichen Prävention es erklären, daß man gerade die Schuldigen vor anderen Personen auszeichnet und gegen sie allein die lediglich sicherheitspolizeiliche Maßregel verhängt? Wollen sie das als eine innerlich nicht weiter zu begründende Willkür ansehen?[3]

---

[1] Vergl. Wahlberg (Kriminalistische und nationalökonomische Gesichtspunkte u. s. w., Wien 1872) 143: „Hinsichtlich der Einziehung kann nur von solchen Gegenständen die Rede sein, welche Bestandteile eines Vermögens bilden. . . . Herrenlose Sachen sind nicht konfiszierbar.“

[2] A. M. besonders: Binding, Handbuch 497, Anm. 2; R III, 566.

[3] Köbner, a. a. O. 32 und 39, giebt zu, daß der präventiven Maßregel in § 40 Schranken gesetzt seien, welche „aus dem Ideenkreise der Strafauffassung“ stammen; allein er will trotzdem eine „Strafe“ aus der Präventivmaßregel nicht machen. Ich sehe jedoch nicht ein, welcher Umstand dem entgegenstehen sollte. Kann denn eine Präventivmaßregel nicht Präventivmaßregel bleiben und trotzdem durch hinzutretende neue Momente zugleich Strafe werden? Kann nicht wenigstens das Aussprechen dieser Maßregel durch den Richter (vergl. § 23 dieser Arbeit, bes. Anm. 3 S. 70) so bedingt sein, daß der Strafwille des Gesetzgebers klar hervortritt? — Vergl. ferner hierzu: Stooß (Zur Natur der Vermögensstrafen) 50 ff. Auch hier heißt es, daß dem Gesetzgeber bei § 40 „poenale Intentionen“ vorschwebten. Der § 40 soll ein Mittelding zwischen Strafe und rein polizeilicher Maßregel enthalten. Stooß sagt: Hätte der Gesetzgeber die Einziehung als reine Strafe aufgefaßt, so müßte § 40 etwa so lauten: „Neben der Hauptstrafe können dem Thäter oder Teilnehmer Gegenstände . . . eingezogen werden, sofern sie ihm gehören.“ — Als rein polizeiliches Institut müßte die Einziehung jedoch im § 40 (nach Stooß, a. a. O. 52) anders normiert sein, als es geschehen ist. Diese Motive scheinen mir aber doch recht äußerliche zu sein.

B. Soweit schon bei der gewöhnlichen, im Urteil gegen eine Person ausgesprochenen Einziehung von Strafe nicht die Rede sein kann, gilt dies selbstverständlich auch in den Fällen entsprechender Anwendung der §§ 42 u. s. w. Es bedarf dies für uns keines weiteren Nachweises.

Soweit aber § 42 auf § 40 hinweist, bleibt die Beschränkung auf die dem Thäter u. s. w. gehörigen Sachen bestehen, und es fragt sich, ob die vorher angestellten Betrachtungen über die Bedeutung jener Beschränkung im § 40 auch hier Platz greifen.

Scheinbar liegt das Verhältnis ganz ebenso wie dort: nur der bei dem vorliegenden Delikt Schuldige darf seines Eigentums beraubt werden; ihm wird in seiner Eigenschaft als Delinquent ein Übel zugefügt, von dem andere verschont bleiben. Allein es treten hier eigentümliche prozessuale Momente hinzu, welche uns veranlassen, das Verhältnis von einer ganz anderen Seite zu betrachten.[1]

Vor allem ist es nicht nötig, daß der Schuldige dem Gerichte individuell bekannt sei.[2] Denn das Verfahren ist, wie wir alsbald sehen werden, gegen den Schuldigen gar nicht gerichtet.

Kohler, der immer eine Bestrafung des Schuldigen annimmt, sagt in Beziehung auf unseren Fall, es sei „bei der absolut bestimmten Strafe die Kenntnis der Persönlichkeit von geringer Erheblichkeit“.[3] Diese Meinung kann er nur dann aufrecht erhalten, wenn er zugiebt, daß, wie die Strafe, auch das Verfahren gegen den (bekannten oder unbekannten) Beschuldigten gerichtet sei.[4] Denn

---

[1] Binding, Handbuch 496: „Es giebt kein vollstreckbares Strafrecht, das nicht durch rechtskräftiges Strafurteil dem Staate wider einen bestimmten Schuldigen zuerkannt wäre. Unmöglichkeit der Verfolgung und Verurteilung des Schuldigen heißt Untergang des Strafrechts.“

[2] Die Feststellung, daß der Thäter Eigentümer sei, ist trotzdem sehr wohl möglich; namentlich auf negative Weise, indem andere Personen, die allenfalls in Betracht kommen könnten, ihr Nichteigentum beweisen: vergl. Köbner, a. a. O. 46. — Stooß, a. a. O. 50 ff. äußert Bedenken bezüglich der Möglichkeit jener Feststellung.

[3] Kohler, a. a. O. 673.

[4] Kohler spricht dies übrigens auch aus (S. 674), indem er das objektive Verfahren gegen einen Abwesenden, nach Maßgabe der §§ 318 ff. St.P.O. zuläßt. Es muß hier erwähnt werden — damit die Ansicht Kohlers nicht als eine gänzlich unsinnige erscheine — daß K. das objektive Verfahren ausschließt, wenn der Thäter gestorben oder geisteskrank ist, da er dann „Strafzwang nicht erleiden kann“ (S. 582). Der Tod des Schuldigen ist auch sonst als Ausschließungsgrund für das objektive Verfahren gemäß § 40 und 42 betrachtet worden und zwar deshalb, weil die Gegenstände dem Thäter u. s. w. gehören, d. h. zur Zeit der Urteilsfällung gehören sollen, was unmöglich wird, wenn der Thäter zu dieser Zeit schon gestorben ist. So: Heinze in v. Holtzendorffs Handbuch des Strafrechts II, 592. Dagegen: John, a. a. O. 65, 67; Oppenhoff, St.G.B. § 40, No. 12 (doch mit unrichtiger Begründung); Köbner,

wenn eine Person durch Urteil bestraft wird, so wird sie auch „verurteilt“, so ist auch gegen sie prozessiert worden, selbst wenn man ihre Beteiligung an dem Verfahren ausgeschlossen hatte. Wie aber vermag nun Kohler sich mit der Klausel: „Ist die Verfolgung oder Verurteilung einer bestimmten Person nicht ausführbar“ abzufinden? Er könnte hierauf allenfalls entgegnen, der § 42 setze nur die Nichtverfolgbarkeit einer bestimmten Person voraus, eine unbestimmte Person könne also durch objektives Verfahren verfolgt werden. Dann aber könnte das objektive Verfahren nur in denjenigen Fällen zulässig sein, in welchen wirklich die Person des Schuldigen unbestimmt wäre — eine Auslegung, der niemand im Ernste beipflichten wird. Legt man jedoch den Ton nicht auf das Wort „bestimmt“, so könnte nach Kohlers Auffassung der § 42 nur so interpretiert werden:

> Ist die Verfolgung u. s. w. einer bestimmten Person zum Zwecke der Verhängung von Haupt- und Nebenstrafen nicht ausführbar, so kann sie doch stattfinden zur Verhängung der bloßen Nebenstrafe, der Einziehung.

Ist aber ein solcher Sinn wohl aus § 42 herauszulesen? Müßte nicht, wenn die prozessualen Voraussetzungen des gewöhnlichen Verfahrens für die Verfolgung und Verurteilung im § 42 wirklich beseitigt wären, wiederum jenem Hauptprinzip unseres Strafprozesses, dem Rechte auf gerichtliches Gehör, dadurch Rechnung getragen werden, daß man den sonst unverfolgbaren, hier ausnahmsweise verfolgbaren Übelthäter (resp. einen Verteidiger) unbedingt zuzöge — unter Erweiterung der nicht mehr passenden allgemeinen Regeln? Denn so gut die allgemeinen Voraussetzungen für die Verfolgbarkeit u. s. w. sich änderten, warum sollte man nicht auch demgemäß die prozessualen Rechte oder Pflichten des Angeklagten gestalten? — Danach hätten aber die §§ 477—479 St.P.O. ganz anders lauten müssen, als sie jetzt lauten.

Das objektive Verfahren richtet sich gegen keinen Beschuldigten, sondern einzig und allein gegen die Sache. Der Delinquent kommt wohl als solcher, d. h. als Thäter u. s. w. des verursachenden Deliktes, behufs Feststellung der die Einziehung bedingenden Thatsachen in Betracht, allein es wird nicht gegen ihn prozessiert, und darum kann auch keine Strafe gegen ihn verhängt werden.

So ergiebt sich denn, daß im objektiven Verfahren die Einziehung ihren Charakter als polizeiliche Präventivmaßregel für sämtliche Fälle wiedergewonnen und so eine gewisse Einheitlich-

---

a. a. O. 46, bezeichnet mit Recht das Präsens „gehören“ für § 42 als einen Redaktionsfehler.

keit erlangt hat. Allerdings — man möchte fast sagen: unverdient! Denn es bleiben ja die Beziehungen der §§ 42 u. s. w. auf die entsprechenden und so verschieden gearteten Haupteinziehungsbestimmungen bestehen, so daß die selbständige Konfiskation zwar ihre auf mannigfache Weise entstandenen Teile durch ein Gemeinsames verbindet, aber doch noch weit entfernt ist, ein einheitliches Institut zu sein.

Zweites Kapitel.

§ 5. Opportunitätsprinzip oder Legalitätsprinzip?

Die Gesetze, in welchen über die selbständige Einziehung Anordnungen getroffen werden, lassen sich für die folgende Betrachtung im wesentlichen in zwei Gruppen teilen:

Die Gesetze der einen Gruppe sagen: „Wenn die Verfolgung ...., so kann auf Einziehung selbständig erkannt werden“;[1]

die der anderen Gruppe dagegen: „.... so ist auf Einziehung selbständig zu erkennen“.[2]

In beiden Fällen, merkwürdigerweise auch bei der letztgenannten Gruppe, besteht hinsichtlich der Auslegung der genannten Worte eine große Verschiedenheit der Meinungen.

Betrachten wir zunächst die erste Gruppe, zu der vor allem auch der § 42 gehört. Die Schwierigkeit besteht hier in der Auslegung der Worte: „können selbständig erkannt werden“. Das „Können“ giebt ja nach seiner Beziehung einen verschiedenen Sinn und kann sowohl ein Gegensatz zum „Nicht-können“, wie ein Gegensatz zum „Müssen“ sein. So ergeben sich meiner Ansicht nach folgende Möglichkeiten der Auslegung:

---

[1] § 42 St.G.B.; § 15 Nahrungsmittelges.; § 7 Ges. betr. den Schutz von Vögeln; § 6 Ges. betr. den Verkehr mit blei- und zinkhaltigen Gegenständen; § 5 Ges. betr. Ersatzmittel für Butter; § 3 Ges. betr. Küstenfrachtfahrt; § 13 Ges. betr. Verwendung gesundheitsschädlicher Farben; § 2 Ges. zur Ausführung der internationalen Konvention betr. Nordseefischerei; § 9 Ges. betr. Prüfung der Läufe und Verschlüsse der Handfeuerwaffen; § 9 Ges. betr. den Verkehr mit Wein.

[2] § 152 St.G.B.; § 154 Ges. betr. Invalid.- und Altersversorgung; § 3 Ges. betr. den Schutz des zur Anfertigung von Reichskassenscheinen verwandten Papieres; § 10 Ges. betr. den Spielkartenstempel (in diesem Gesetz heißt es: „unterliegen der Einziehung“; dies bedeutet gleichfalls: „müssen eingezogen werden“).

1. Das „Können“ steht in näherer Beziehung zu dem „selbständig“ (man betone dann in dem Gesetze lediglich das Wort „selbständig“), d. h. also entweder:

   a) es soll prozessuale Gelegenheit gegeben werden zu einem Erkenntnis des Richters auf die Einziehung (d. h. nicht mehr als: zu einem Erkenntnis über die Einziehung). Ob der Richter auf Einziehung erkennen darf oder muß, wird alsdann gar nicht entschieden, d. h. es gelten die Grundsätze des entsprechenden Regelverfahrens, wonach also z. B. bei Anwendung des § 40 die Einziehung eine fakultative, bei § 41 eine obligatorische wäre. In diesem Falle steht das „Können“ im Gegensatz zum „Nichtkönnen“.

   Oder:

   b) Die Beziehung zu dem Worte „selbständig“ bleibt; nun aber wird auch das „Können“ betont, so daß es einen Gegensatz zum „Müssen“ bildet. Dann bleibt das, was wir über die Pflicht des Richters sagten, bestehen; aber die Staatsanwaltschaft kann zu selbständiger Entscheidung Anlaß geben, sie muß es nicht.

2. Bezieht man das „Können“ auf „erkannt werden“ (und betont also letzteres), so daß nun das prozessuale Moment, die Gelegenheit zum selbständigen Erkennen, als gegeben vorausgesetzt wird, so ergiebt das „Können“ im Gegensatz zum „Nichtkönnen“ keinen oder wenigstens keinen neuen Sinn; als Gegensatz zum „Müssen“ aber (also ebenfalls betont) bedeutet es, daß der Richter bei der Entscheidung über die Einziehung ganz nach freiem Ermessen urteilt, auch da, wo die gewöhnliche Einziehung verhängt werden müßte (§ 41).

3. Das „Können“ bezieht sich gleichmäßig auf die prozessuale Gelegenheit, wie auf das richterliche Urteil und steht im Gegensatz zum „Müssen“. Dann hat der Richter nach freiem Ermessen zu urteilen, und für den Staatsanwalt gilt das Opportunitätsprinzip. —

Von den hier erwähnten Deutungsmöglichkeiten[1] scheinen mir die unter 1. gegebenen am wenigsten zu passen. Denn daß es unzulässig sei, das „Erkennen auf Einziehung“ lediglich als eine prozessuale Anordnung zu interpretieren, ergiebt sich deutlich bei einer

[1] Für die letzte der erwähnten Interpretationen entscheiden sich mit Recht: Oppenhoff, St.G.B. § 42, No. 9; Ullmann 573; Löwe § 477, No. 4b; Rubo § 42, No. 2. Für die Ansicht sub 1 b treten ein: v. Buri in G.S. XXX, 264; Olshausen § 42, No. 9; Rüdorff-Stenglein § 42, No. 2; auch Amtsgericht Straßburg (Zeitschr. f. Elsaß-Lothringen XI, 524 ff.).

Herbeiziehung des § 152 St.G.B. und der ähnlich lautenden Bestimmungen der Nebengesetze. Der § 152 lautet:

Auf die Einziehung des .... Geldes .... ist zu erkennen, auch wenn die Verfolgung .... nicht stattfindet."

Hier enthält der erste Satz (bis „erkennen") ohne Zweifel nur die Pflicht des Richters, die Einziehung zu verhängen; denn dieser Satz bezieht sich ja in erster Linie auf die gewöhnliche Einziehung und konstituiert eine Ausnahme von § 40. Deshalb halte ich es für unmöglich, diesem ersten Satz im Falle der Nichtverfolgung u. s. w. einen anderen Sinn zu geben, so daß er nur besagte, es sei über die Einziehung zu erkennen.

Daraus aber läßt sich meiner Ansicht nach ein Rückschluß auf § 42 ziehen.

In prozessualer Beziehung kann man bei der Auslegung des § 152 verschiedener Ansicht sein: Entweder muß die Maßregel immer erkannt werden, d. h. es muß auch ein Verfahren eingeleitet werden; es gilt das Legalitätsprinzip. Oder man sagt: Die Bestimmung des § 152 bezieht sich nur auf das Urteil; für die Einleitung des Verfahrens aber gelten die Regeln des § 42 (nach dem entsprechenden Teil der unter 3. gegebenen Deutung): Es gilt das Opportunitätsprinzip.[1]

Hiergegen ist zu sagen, daß eine so enge Verbindung mit § 42 nicht wohl angeht; man müßte sonst für die „Nichtausführbarkeit" auch das „Nichtstattfinden" einsetzen, also zwei Voraussetzungen mit einander vertauschen, die gerade bezüglich der Frage des freien Ermessens erheblich von einander verschieden sind.

Es ist thatsächlich kein Grund vorhanden, in den Fällen, in denen der Richter, wenn er mit der Sache befaßt ist, auf Einziehung erkennen muß, diese Pflicht durch das Gutdünken der Staatsanwaltschaft zu hemmen. Andererseits sprechen dieselben naheliegenden Gründe, welche den Gesetzgeber veranlaßten, dem Richter bei der Entscheidung Freiheit zu lassen, in den betreffenden Fällen auch für die Geltung des Opportunitätsprinzips, so daß nach meiner Ansicht von den oben erwähnten Deutungen des § 42 die letzte dem Sinne des Gesetzes mehr entspricht als die zweite.[2]

---

[1] Dieser Ansicht ist Löwe § 477, No. 4b; vergl. auch Rüdorff-Stenglein § 42, No. 2. Dagegen: München I, 80 (Anmerkung).

[2] Scheinbar gegen unsere Ansicht spricht der Wortlaut des § 477 St.P.O.: „in den Fällen, in welchen auf Einziehung ... erkannt werden kann." Man könnte sagen: Da durch § 477 selbstverständlich die obligatorische Einziehung nicht ausgeschlossen sein soll, so sieht man daraus, daß unsere Gesetze das „Können" nicht als Gegensatz zum „Müssen" anwenden. — Allein ich glaube, man kann aus dem § 477 gar nichts schließen; derselbe bedient sich, indem er

Drittes Kapitel.

Die Subsidiarität des objektiven Verfahrens.

§ 6. Die rechtliche Bedeutung des Erfordernisses der nicht ausführbaren resp. nicht stattgehabten Verfolgung oder Verurteilung einer bestimmten Person.

Die Bestimmungen unserer Reichsgesetzgebung über die selbständige Einziehung schließen sich sämtlich an die Normierung der im Regelverfahren zu erkennenden Konfiskation an und werden — meist wörtlich, stets dem Inhalte nach — so eingeleitet: Ist in dem Falle .... die Verfolgung oder Verurteilung einer bestimmten Person nicht ausführbar (resp.: findet .... nicht statt), so kann (resp.: muß) auf die Einziehung selbständig erkannt werden.

Man streitet nun lebhaft darüber, welche Bedeutung der Satz von der Nichtausführbarkeit u. s. w. für das objektive Verfahren habe, ob er als ein der richterlichen Feststellung bedürftiges Thatbestandsmerkmal, als eine positive Voraussetzung des Urteils und mittelbar der Einleitung des Verfahrens oder nur als eine negative Prozeßvoraussetzung anzusehen sei, um welche lediglich die Staatsanwaltschaft sich zu kümmern habe. Die herrschende Meinung, gestützt auf die bekannte Reichsgerichtsentscheidung vom 5. April 1883 (3. Strafsenat),[1] hat sich der letztgenannten der drei Möglichkeiten angeschlossen.

Ich werde versuchen zu zeigen, daß die Interpretation des Reichsgerichts grammatisch und logisch unhaltbar ist.[2]

---

auf viele Gesetze verweist, einer möglichst kurzen Ausdrucksweise und einer solchen, die alle Gesetze umfaßt. Das „Können" aber, wie man es auch nehmen mag, begreift stets das „Müssen" in sich.

[1] R V, 215 ff. Dem Reichsgericht schließen sich an: Ullmann 576, Anm. 3; Rintelen 266, Anm. 3; Stenglein, Lehrbuch 370; Olshausen § 42, No. 4, Abs. 3; Daude 237; Stenglein Zeitschr. VI, 149; E XVI, 119; R IX, 15; Dochow 286 („es kann selbständig erkannt werden ... auch wenn die Verfolgung ,.. nicht ausführbar"). — Dagegen: Seuffert in v. Stengels Wörterbuch I, 320, Spalte 2; Oppenhoff, St.G.B. § 42, No. 5; Max Berner (Der Grundsatz des „ne bis in idem", Leipzig 1891) S. 21; offenbar auch Stenglein, Kommentar § 477, No. 5; prinzipiell beachtenswert ist die Rede Stengleins auf dem XV. deutschen Juristentag (Bd. II, 291). Allerdings wird hier die Frage nur de lege ferenda behandelt.

[2] Seuffert, a. a. O., S. 320, Spalte 2, führt als Grund gegen die Ansicht des Reichsgerichtes an, sie widerspreche dem für den Strafprozeß geltenden Grundgedanken, daß das Gericht hinsichtlich der Würdigung und Behandlung der ihm unterbreiteten Ereignisse von den Auffassungen der Antragsteller un-

1. In den Gründen der angeführten Entscheidung (S. 221) heißt es: „Die Thatsache, daß es an einem solchen (einem verfolgbaren Thäter) mangelt, soll .... nicht die einschränkende rechtliche Bedingung der Einziehung im objektiven Verfahren, sondern nur nicht ein rechtliches Hindernis der Einziehung überhaupt sein.“

Diese Auslegung scheint, rein grammatisch betrachtet, das Wort „selbständig“, z. B. in § 42, vollkommen zu übersehen. Nun kann ja dieser Ausdruck allerdings als ein nur erklärender, für die Sache unwesentlicher angesehen werden, so daß der Sinn wäre: „auch wenn .... nicht ausführbar ist, kann die Einziehung (d. h. selbständig) erkannt werden.“ Entsprechend, nur unter Beiseitelassung der Parenthese, lautet ja der § 152 samt anderen Spezialbestimmungen. In diesem Falle wird also in Wahrheit zunächst nur die Einziehung auch dann zugelassen, wenn Verfolgung oder Verurteilung einer Person nicht ausführbar ist. Mag das Wort „selbständig“ (in Parenthese) dabei stehen oder nicht: es versteht sich von selbst, daß hier die Einziehung als objektive, gegen keine Person gerichtete Maßregel stattfinden kann, resp. muß. Woraus will man nun aber folgern, daß auch in anderen Fällen die Einziehung auf diese Weise stattfinden könne, also auch dann, wenn

---

abhängig ist; Max Berner, a. a. O. 21, daß es sich im objektiven Verfahren nicht um eine örtlich und zeitlich näher bezeichnete That einer bestimmten Person handle, daß daher das objektive Verfahren nicht ein minus des Regelverfahrens sein könne, sondern nur ein aliud. Die letztere Begründung halte ich nicht für zutreffend; denn ich glaube, daß es auf die Feststellung konkreter Handlungen wohl ankomme (hierüber später).

Der Einwand Berners richtet sich gegen folgende Ausführungen des Reichsgerichts: Der Staatsanwalt könne zugleich mehrere Handlungen (in concreto solche, die durch §§ 12—14 des Nahrungsmittelgesetzes mit Strafe bedroht sind) zur Grundlage seines Einziehungsantrages machen, dieselben könnten alternativ oder kumulativ vom Gerichte festgestellt werden. Diese Handlungen müßten einzeln kenntlich gemacht sein, da sonst eine Entscheidung der Frage, ob Verfolgung u. s. w. ausführbar sei, nicht wohl stattfinden könne. Nun dürfe allerdings der Richter noch eine andere That als begangen feststellen, als die in dem Antrage benannten, aber er dürfe keinesfalls deshalb die Einziehung verweigern, weil möglicherweise noch irgend eine andere, aus §§ 12—14 strafbare Handlung (außer der festgestellten) begangen worden sei, wegen welcher vielleicht eine bestimmte Person strafrechtlich in Anspruch genommen werden könnte. — Hiergegen ist zu sagen, daß der Richter natürlich nicht deshalb die Einziehung verweigern darf, weil eine solche andere Handlung „möglicherweise begangen ist“; wenn der Richter andere Handlungen in Rücksicht ziehen will, muß er sie auch feststellen; thut er dies aber und stellt er ein neues Delikt fest, dessen Thäter verfolgbar ist, so kann er sehr wohl wegen dieses Deliktes die Einziehung verweigern, wegen der übrigen auf Einziehung erkennen. In der Praxis werden solche Fälle kaum vorkommen; deshalb braucht jedoch die Theorie eine Antwort nicht schuldig zu bleiben.

z. B. bei § 40 die Verfolgung u. s. w. bloß nicht stattfindet oder wenn sie bloß aufgeschoben wird? Wie kommt es, daß einzelne Paragraphen (und zwar systematisch die von der obligatorischen Einziehung handelnden) von „nicht stattfinden", die anderen von „nicht ausführbar sein" reden? Giebt es ein allgemeines Prinzip, daß Nebenstrafen, oder daß die Einziehung stets auch allein erkannt werden kann, und bedarf es nur für den Fall der Nichtverurteilung einer Person besonderer Bestimmung? Oder ist wenigstens diese selbständige Einziehung etwas so natürliches, daß das Gesetz sie nur in einem besonderen Falle zu erwähnen braucht, um ihr damit das Feld für alle Fälle zu öffnen?

Sollte die Ansicht des Reichsgerichts sprachlich zu rechtfertigen sein, so müßte es in § 42 heißen: „Auch wenn die Verfolgung .... nicht ausführbar ist, können die .... Maßnahmen selbständig erkannt werden." Denn damit wäre gesagt, daß auch in anderen Fällen selbständige Einziehung zulässig sei. Diese Veränderung muß aber als unzulässig bezeichnet werden; wo das „selbständig" seinen Ton verliert oder wo es ganz wegfällt (§ 152), da können wir den Vordersatz konzessiv auffassen („auch wenn"); wollten wir aber das „selbständig" betont lassen und dennoch ein „auch" einschieben, oder, wo das Gesetz selbst einen Konzessivsatz hat, ein „selbständig" hinzufügen, so würden wir das Gesetz und seinen allein möglichen Sinn verändern.

2. Der logische Grundfehler, den das Reichsgericht begeht, besteht in der gleichmäßigen Bezeichnung und Behandlung zweier verschiedener Begriffe, nämlich der neben der Strafe zu erkennenden und der selbständigen Einziehung. Danach bestände die im Regelverfahren zu erkennende Deliktsfolge de lege lata aus zwei ganz getrennten Teilen:

a) der Strafe,
b) der Einziehung (als etwas selbständigem).

Entfällt die Strafe, so bleibt die Einziehung, natürlich ohne ihr Wesen zu verändern; schiebt man die Strafe auf, so wird die Einziehung vorweggenommen. Sie ist und bleibt nur „Einziehung", und da sie einen Vorzug hat vor den anderen Deliktsfolgen, da sie nämlich auch dann eintreten kann, wenn diese nicht eintreten, so ist sie da, wo sie allein auftritt, ein Teil, ein minus der aus Strafe und Einziehung bestehenden Gesamtdeliktsfolgen. —

Diese Auffassung führt zu folgenden Schlüssen:

Die Einziehung wird zunächst als Nebenfolge des Delikts erkannt (§ 40 und 41 St.G.B.).

Eine (scheinbare) Ausnahme lehrt uns, daß sie auch Hauptfolge des Delikts sein kann (§ 42 St.G.B.).

Wir kommen zu der Überzeugung, daß sie eigentlich und ursprünglich Hauptfolge ist und bald allein, bald in Verbindung mit einer anderen Hauptfolge — einer Strafe — auftritt.

Dieses Prinzip, welches man erkannt hätte aus den Fällen, in denen das Gesetz ausdrücklich von der selbständigen Einziehung spricht, dies Prinzip würde, wenn man es verallgemeinerte, besagen, daß selbständige Einziehung überall zulässig sei, wo das Gesetz Einziehung überhaupt zugelassen habe, daß also alle dem § 42 nachgebildeten Zusätze der Spezialgesetze eigentlich überflüssig seien. Dies ist im § 2 widerlegt worden.

Leitet man aber jenes Prinzip aus jedem einzelnen, dem § 42 entsprechenden Falle ab, so daß es nur für diesen gilt, dann werden vollständig gleichlautende Bestimmungen, wegen ihrer angeblich verschiedenen Entstehung, ihrem Wesen nach getrennt, ohne daß ein vernünftiger Grund hierfür einzusehen wäre.

Hätte der Gesetzgeber das Prinzip des Reichsgerichts im Auge gehabt, so hätte er wohl die Einziehung nur als selbständige geregelt, da die Verbindung mit einem etwaigen Strafverfahren sich dann in concreto von selbst verstanden hätte. Statt dessen hat er die Einziehung als Nebenfolge des Deliktes fest mit dem Hauptverfahren verbunden und nur in gewissen Fällen eine „selbständige Einziehung“ gestattet.

3. Das objektive Verfahren ist nicht — wie das Reichsgericht annimmt — ein minus des Regelverfahrens, es ist anderer Art als dieses.

Zwar liegt in beiden Fällen ein Delikt zu Grunde; im ersten Falle aber wird über das Delikt regelmäßig abgeurteilt, nachdem ein Angeklagter seine Rechte ausgeübt hat; im zweiten Falle ist kein Beschuldigter da, der sich verteidigen dürfte. Dies ist für den Schuldigen härter, indem sein Delikt festgestellt wird, ohne daß er gehört worden ist. Es ist deshalb durchaus sinngemäß, wenn die Gesetze das selbständige Erkennen auf Einziehung nur dann zulassen, wenn die Einziehung im persönlichen Verfahren gar nicht stattfinden kann.

Es ist natürlich auch Sache des Staatsanwalts, sich nach dem Vorhandensein jenes Thatbestandsmerkmals zu fragen; der Richter aber hat es endgültig zu prüfen und sich in den Urteilsgründen darüber zu erklären.

---

§ 7. Das selbständige Erkennen in Verbindung mit dem Urteil in der Hauptsache und das objektive Verfahren im engeren Sinne.

Die selbständige Einziehung kann gemäß unserer St.P.O. in zwei Formen erkannt werden, nämlich einmal „in Verbindung mit einem Urteile in der Hauptsache" und dann in dem besonderen Verfahren, das durch § 477 ff. St.P.O. geregelt ist.

1. In welchen Fällen die Entscheidung in Verbindung mit einem Urteil in der Hauptsache erfolgen kann, hat das Gesetz nicht ausdrücklich gesagt. Mit dem „Urteil in der Hauptsache" ist ein solches Urteil gemeint, das in dem wegen des Einziehungsdeliktes eröffneten Verfahren gegen eine Person erlassen wird, welche als Thäter oder Teilnehmer des Deliktes beschuldigt ist.

Das Urteil in der Hauptsache kann ein freisprechendes, einstellendes oder kondemnatorisches sein.[1] Dabei ist zu beachten, daß § 40 St.G.B. die Sache des Teilnehmers nur in dem Verfahren gegen den Teilnehmer, die des Thäters nur in dem Verfahren gegen den Thäter, nicht aber die Sache des Teilnehmers in dem lediglich gegen den Thäter gerichteten Verfahren eingezogen wissen will.[2]

2. Nun fragt es sich: Giebt es auch Fälle, in denen die selbständige Einziehung, resp. über die selbständige Einziehung, in Verbindung mit dem Urteil in der Hauptsache erkannt werden **muß**? Diese Frage wird von manchen Schriftstellern entschieden bejaht.[3] Der Richter solle sich da, wo die Einziehung obligatorisch angeordnet sei, und da, wo es im Gesetz heiße: „Sie ist im Urteile auszusprechen", unbedingt, auch im Falle der Freisprechung des Angeklagten, über die selbständige Einziehung erklären, da sonst die in dem Stillschweigen liegende Feststellung der Verfolgbarkeit u. s. w. dritter Personen rechtskräftig werde und die Einleitung des objek-

---

[1] Beispiele: I. Der Angeklagte wird freigesprochen, weil er die That nicht begangen hat; zugleich stellt sich die Thäterschaft eines anderen heraus, gegen den die Verfolgung unausführbar. II. Das Verfahren gegen den Thäter wird wegen mangelnden Antrages (z. B. nach § 247 St.G.B.) eingestellt; ein Teilnehmer, der zwar ohne Antrag verfolgbar, nun aber abwesend ist, hat Eigentum an dem einzuziehenden instr. sceleris. III. Der Thäter wird verurteilt; der nichtverfolgbare Teilnehmer ist Eigentümer der Sache.

[2] So: Oppenhoff, St.G.B. § 40, No. 12; Olshausen § 42, No. 7; Löwe § 477, No. 3; Köbner 30. Auch Motive zum ersten Entwurf § 31. A. M.: Rubo 402.

[3] Max Berner (ne bis in idem) 18—20 (siehe die folgende Begründung seiner Ansicht im Text); Puchelt 800; v. Kries, Lehrb. 755. Unserer Meinung: Oppenhoff, St.G.B. § 40, No. 12; Olshausen § 42, No. 10; Löwe § 477 No. 3.

tiven Verfahrens, bis zur Feststellung einer nachträglichen Unausführbarkeit jener Verfolgung, hindere.

Diese Auffassung beruht:

a) auf einer falschen Interpretation des § 477 St.P.O. Da heißt es: Es „ist der Antrag, sofern die Entscheidung nicht in Verbindung .... erfolgt, seitens der Staatsanwaltschaft .... bei demjenigen Gerichte zu stellen, welches ....“

Damit ist aber nicht gesagt, daß die Entscheidung, wenn möglich, in Verbindung mit dem Haupturteil erfolgen müsse; die Bemerkung hat vielmehr nur die Bedeutung, daß in jenem Falle der Gerichtsstand schon durch die Verhandlung über die Hauptsache gegeben, daß also die besondere Normierung der Zuständigkeit hier unnötig sei. Weiterhin ergiebt sich natürlich, daß im Falle einer solchen Entscheidung das selbständige Verfahren unnötig und unzulässig ist (ne bis in idem); allein es wird nicht gesagt, wann die Verbindung eintreten kann oder muß.

Jene Auffassuug beruht

b) auf einer nicht genügenden Unterscheidung zwischen der regelmäßigen und der selbständigen Einziehung — ähnlich wie das im vorigen Paragraphen besprochene Reichsgerichtsurteil.

Der Richter ist durch den Eröffnungsbeschluß (s. § 18 dieser Arbeit) mit der Entscheidung des Deliktes in Hinsicht auf den Angeklagten befaßt, und er muß, wenn eine Einziehung in Betracht kommt, auch über diese urteilen, sei es nun, daß sein Spruch ein kondemnatorischer ist, sei es, daß er auf Freisprechung lautet. Die selbständige Einziehung aber wird nicht gegen den Angeklagten erkannt, sie ist eine andere Sache, mit welcher der Richter von vornherein nicht befaßt ist, wofern nicht der Staatsanwalt in der Klage ausdrücklich auf eventuelle selbständige Einziehung angetragen hat.[1]

Ja ich bin der Ansicht, daß, wenn dies nicht geschah, für die Zulässigkeit des selbständigen Erkennens ein diesbezüglicher Antrag des Staatsanwalts in der Verhandlung, d. h. vor dem Urteil, erforderlich ist (etwa analog dem § 265 St.P.O.). Dann muß allerdings die selbständige Einziehung in dem Urteile berücksichtigt werden; doch kann das Gericht die Entscheidung über dieselbe wegen nicht genügender Vorbereitung aussetzen und einem besonderen Termine vorbehalten.

Diese Auffassung ist übrigens auch aus dem Wortlaute des § 477 leichter und richtiger herzuleiten, als jede andere. Wenn es heißt: Es „ist der Antrag, sofern die Entscheidung nicht ...., bei

---

[1] Dies ist möglich: Oppenhoff, St.G.B. § 42, No. 15. — Vergl. auch Puchelt 800.

demjenigen Gerichte zu stellen, welches....", so bedeutet die Einschiebung des bedingenden Zwischensatzes nach dem Worte „Antrag", daß ein Antrag immer zu stellen sei, wenn es sich um selbständige Einziehung handelt, bei einem besonderen Gerichte aber nur, wenn die Entscheidung nicht in Verbindung mit dem Haupturteil erfolgt.

3. Das getrennte objektive Verfahren ist also insofern subsidiär, als es durch etwas anderes, Einfacheres — die Verbindung mit dem Haupturteil — ausgeschlossen werden kann; aber es ist nicht im eigentlichen Sinne subsidiär, so daß erst jene Verbindung unmöglich sein müßte, damit es stattfinden könnte.

Ein begrifflicher Unterschied zwischen den beiden Formen des objektiven Verfahrens besteht nicht!

Viertes Kapitel.

Die Einziehungsinteressenten.

§ 8. Begriff der Einziehungsinteressenten und ihre prozessuale Stellung im allgemeinen.

Es heißt im § 478 St.P.O.:

„Personen, welche einen rechtlichen Anspruch auf den Gegenstand der Einziehung, ... haben, sind, soweit dies ausführbar erscheint, zu dem Termine zu laden."

Und dann im § 479:

„Die Rechtsmittel gegen das Urteil stehen .... den im § 478 bezeichneten Personen zu."

Es ist üblich, diese Personen mit dem Namen „Einziehungsinteressenten" zu bezeichnen; doch scheint mir derselbe nicht eben günstig gewählt zu sein; denn er verführt zu der Annahme, ein Interessent im Sinne des Gesetzes sei derjenige, welcher an der Einziehung (statt an der Nichteinziehung) ein Interesse hat. Von dieser Interpretation[1] ist denn auch die Praxis nicht verschont geblieben; ist es aber wohl möglich, daß zwei Parteien im Prozesse sich streiten. um beide dasselbe Resultat herbeizuführen?

Die Rolle der Einziehungsinteressenten ist eine dem eigentlichen Strofprozeß fremde. Sie haben ein Interesse an dem Ausgange des

---

[1] Ausführlich widerlegt durch: E XVIII, 299 ff.

Strafverfahrens, den Wunsch, daß die passive Partei obsiege, d. h. im objektiven Verfahren, daß die Sache nicht eingezogen werde. Dieses Interesse ist ein privatrechtliches, vermögensrechtliches. Wohl kennt unsere St.P.O. auch in sonstigen Fällen einen Beitritt zur Unterstützung der angeklagten Partei (vergl. §§ 149 und 340 St.P.O.); doch sind es hier ganz andere Beziehungen, die denselben rechtfertigen. Die Intervention auf Grund privatrechtlicher Interessen finden wir nur im Civilprozeß, und sie ist auch ihrem Wesen nach diesem allein eigentümlich. Das objektive Verfahren hat also ein civilprozessualisches Institut[1] in den Strafprozeß aufgenommen und diesem anzupassen versucht.

Die C.P.O. kennt drei Arten der Intervention: die Hauptintervention (§§ 61, 62 C.P.O.), die Nebenintervention (§ 63 ff.) und die sog. Exekutionsintervention (§ 690). Von diesen sind die erste und letzte Art am nächsten mit einander verwandt, denn sie umfassen beide diejenigen Fälle, in welchen der Dritte einen Anspruch geltend macht, der geeignet sein soll, den Gegenstand des Streites, resp. der Zwangsvollstreckung, den Dispositionen der Parteien zu entziehen. Der Nebenintervenient dagegen macht einen solchen Anspruch nicht geltend: er tritt nur in der Befürchtung, durch den Ausgang des Prozesses in seinen eigenen Rechten geschädigt zu werden, dem Verfahren bei, um einer der Parteien zum Siege zu verhelfen.

Es ist schwierig, zu sagen, mit welcher dieser beiden Kategorien das Institut der Einziehungsinteressenten seinem Wesen nach am nächsten verwandt sei.

Es giebt Fälle, in denen das Privatrecht des Interessenten die Einziehung von Rechtswegen hindert; andere Fälle, in welchen es den Richter beeinflussen kann, die (fakultative) Konfiskation nicht auszusprechen: endlich solche, in denen die Rechte an sich für die Entscheidung gar nicht berücksichtigt werden dürfen. In letzterem Falle kann der Interessent dennoch dem Prozesse beitreten und die Einziehung der Sache etwa dadurch zu hindern suchen, daß er das Nichtvorhandensein anderer materieller Voraussetzungen dem Gerichte nachweist: seine Stellung ist alsdann der des Nebeninter-

[1] Es ist nicht uninteressant zu bemerken, daß bezüglich der Interessenten die civilprozessualische, nicht die strafprozessualische Prozeßfähigkeit in Betracht kommen muß. Einziehungsinteressent (im materiellen Sinne) kann also sein, wer Privatrechte haben kann; prozessualisch thätig sein kann nur, wer im Stande ist, sich durch Verträge zu verpflichten. Alle Zustellungen haben bei Prozeßunfähigkeit des Intervenienten an den gesetzlichen Vertreter zu erfolgen, und §§ 50—54 C.P.O. sind auch für das objektive Verfahren maßgebend. Gl. M.: v. Kries, Lehrb. 227.

venienten ganz analog; denn er versucht, indem er in den Prozeß eingreift, der passiven Partei — die hier allerdings durch keinen Angeklagten vertreten wird — zum Siege zu verhelfen.

In den beiden anderen Fällen, am deutlichsten im ersten derselben, ist das Privatrecht des Interessenten wirklich — zum mindesten möglicherweise — geeignet, die Einziehung zu verhindern. Es scheint deshalb, als ob hier nicht die Nebenintervention, sondern der Fall des § 690 C.P.O.[1] zur Analogie herbeigezogen werden könne, bezw. müsse. Dies trifft jedoch bei näherer Betrachtung nicht zu.

Vor allem müßte es nämlich alsdann in concreto feststehen, daß der Interessent durch die Geltendmachung seines Rechtes den Gegenstand der Disposition der Parteien entziehen wolle. Es wäre daher gänzlich unbegründet, wollte der Intervenient auf andere Weise die Sache vor der Einziehung bewahren, z. B. durch den Nachweis, daß eine strafbare Handlung nicht vorliege. Diese Befugnis steht aber nach der St.P.O. allen Einziehungsinteressenten ohne Ausnahme zu. — Es geht ferner aus der allgemeinen und weiten Fassung der Definition der Einziehungsinteressenten im § 478 St.P.O. ziemlich deutlich hervor, daß ein prozessualischer Unterschied auf Grund des verschiedenen Einflusses, den die Privatrechte auf das materielle Recht ausüben können, nicht vorhanden sein solle. Und es ist gut so: denn jene Trennung würde ohne Grund eine unabsehbare Verwirrung hervorrufen; man denke nur an den Fall, in welchem erst während des Prozesses sich herausstellt, daß nicht § 40, sondern ein anderer Paragraph, welcher das Eigentum Dritter unberücksichtigt ließe, anzuwenden sei.

Ich glaube deshalb, daß wir es in allen Fällen im objektiven Verfahren mit einer Nebenintervention zu thun haben. Dem Sinne dieses Institutes entspricht es auch vollkommen, wenn der § 478 St.P.O. den Einziehungsinteressenten alle Befugnisse einräumt, welche einem Angeklagten zustünden. Diese Bestimmung ist analog derjenigen des § 64 C.P.O., wobei jedoch im objektiven Verfahren naturgemäß die beschränkende Klausel dieses Paragraphen entfällt.

Die praktischen Resultate, welche aus dieser Auffassung des Instituts der Einziehungsinteressenten gefolgert werden können, werden sich in den einzelnen Fällen späterhin ergeben. Es mag hier nur im allgemeinen auf folgendes hingewiesen werden:

---

[1] Die Hauptintervention kann schon um deswillen unmöglich zur Analogie herbeigezogen werden, weil es sich bei dieser um die Realisierung des betreffenden Rechtes selbst handelt, während die Exekutionsintervention nur Freilassung des Gegenstandes von der Zwangsvollstreckung bezweckt. Auch im übrigen wird man zugeben müssen, daß die Hauptintervention ein der Stellung der Einziehungsinteressenten ganz fremdes Institut ist.

1. Der Nebenintervenient des objektiven Verfahrens hat naturgemäß eine selbständigere Stellung, als der des Civilprozesses. Es fehlt an einer eigentlichen Partei auf passiver Seite, d. h. an einer Person, deren Wille dem der Interessenten vorgehen könnte. So sind sie geeignet, eine größere Rolle in dem Prozesse zu spielen.

2. „Den Interessenten stehen die Befugnisse des Angeklagten zu.“ Wo also „Befugnisse“, d. h. Rechte zu prozessualem Handeln, in Frage stehen, da ist es richtig, die Grundsätze der St.P.O. auf die Einziehungsinteressenten anzuwenden. In anderen Fällen aber, wo es sich nicht um „Befugnisse“ handelt, wo es aber dennoch in Rücksicht auf allgemeine prozessuale Grundsätze als unbedingt nötig erscheint, die Intervenienten zu berücksichtigen, da müssen wir versuchen, aus unserer theoretischen Analogie praktische Folgerungen zu ziehen.

Die St.P.O. hat in ihren allgemeinen Bestimmungen auf die Nebenintervention des objektiven Verfahrens keine Rücksicht genommen; dadurch ist eine Lücke entstanden, die wir ergänzen müssen. Natürlich geht es nicht an, das dem Civilprozeß entstammende Institut nun einfach nach civilprozessualischen Regeln zu behandeln. Wohl aber sind wir berechtigt, aus den Bestimmungen der C.P.O. diejenigen Grundsätze zu entnehmen, welche sich aus der Stellung des Intervenienten im allgemeinen ergeben, welche — wenn ich mich so ausdrücken darf — begrifflich einem den beiden Prozeßordnungen gemeinsamen „allgemeinen Teil“ angehören müßten.

Es wird sich zunächst darum handeln, festzustellen, welches die Personen sind, die „einen rechtlichen Anspruch auf den Gegenstand der Einziehung haben“. Nach dem Wortlaut des § 478 Abs. 2 müssen diese Privatrechte bestehen, resp. als bestehend angenommen werden, damit eine Ladung erfolgen könne, also zu der Zeit, wo dies geschehen soll. Die Interessenten können aber auch ohne Ladung, und zwar bis zur rechtskräftigen Entscheidung des Prozesses, demselben beitreten,[1] und wir müssen daher nach Analogie des Falles, welchen das Gesetz herausgreift, sagen: „Personen, welche einen Anspruch auf den Gegenstand der Einziehung haben, können intervenieren.“ Ähnlich heißt es in § 63 C.P.O.:

[1] Wer aus dem Wortlaut der §§ 478 und 479 schließen will, daß nur den thatsächlich vorgeladenen Interessenten die prozessualen Befugnisse zuständen (vergl. Meves in H.H. II, 465), begeht schon rein sprachlich einen Fehler. Denn, wie Voitus (Kontroversen betr. die St.P.O. u. s. w.) II, 368, richtig bemerkt, „die Anordnung, daß solche Personen zu laden seien, gehört nicht zu ihrer Bezeichnung.“ Vollends unhaltbar erscheint der Sinn jener Auffassung nach den obigen Ausführungen.

„Wer ein rechtliches Interesse daran hat, ... kann .... beitreten.“

Dann aber bestimmt der § 68 C.P.O.:

„Über den Antrag auf Zurückweisung einer Nebenintervention wird nach vorgängiger mündlicher Verhandlung unter den Parteien und dem Nebenintervenienten entschieden. Der Nebenintervenient ist zuzulassen, wenn er sein Interesse glaubhaft macht.

So lange nicht die Unzulässigkeit der Intervention rechtskräftig ausgesprochen ist, wird der Intervenient im Hauptverfahren zugezogen.“

Der Intervenient hat also im Civilprozeß die Präsumtion für sich, daß sein Interesse bestehe. Er wird ohne weiteres zugelassen, und seine Prozeßhandlungen sind gültig, wofern nicht auf Antrag einer Partei durch rechtskräftiges Zwischenurteil seine Zurückweisung wegen mangelnden Interesses erfolgt. — Hieraus ergeben sich folgende Konsequezen für das objektive Verfahren:

Obgleich das Gesetz sagt, die Personen müßten zur Zeit ihres Beitritts den rechtlichen Anspruch haben,[1] so ist es dennoch nicht nötig, daß dieser Anspruch bereits durch Beweis festgestellt sei. Er muß nur dem Gerichte — natürlich formlos, nicht durch civilprozessualische Schriftsätze — angezeigt und auf Verlangen des Staatsanwalts oder des Gerichtes selbst — eine Erweiterung, die durch die Natur des Strafprozesses geboten erscheint — glaubhaft gemacht werden. Letzteres genügt in allen Fällen: eine reguläre Beweisaufnahme über die Privatrechte ist zur Rechtfertigung der Intervention niemals erfordert: sie kann notwendig werden, wenn die Feststellung des Eigentums eine Urteilsvoraussetzung bildet; aber von dieser Frage wird die prozessuale Stellung des Intervenienten gar nicht berührt.

Die Bestimmungen über das Zwischenurteil finden natürlich im Strafprozeß keine Anwendung; ist aber ein Intervenient anfangs ohne weiteres zugelassen worden, so kann jederzeit das Gericht auf Antrag oder von Amtswegen denselben durch Beschluß zurückweisen, wenn er sein Recht nicht glaubhaft macht.

Man muß außerdem bedenken, daß die Rechte an der Sache nicht an ein bestimmtes Individuum gebunden sind, daß also der Kreis der Interessenten (im materiellen Sinne) am Ende des Prozesses andere Personen umfassen kann, als zu Anfang desselben. Dieser Umstand kann allerdings die bisherigen, bereits beigetretenen Interessenten ihrer Prozeßstellung nicht ohne weiteres berauben,

---

[1] Voitus, Kontr. II, 367, meint, das Wort „haben“ sei ein Redaktionsfehler.

allein er giebt dem Gerichte Veranlassung, auf Antrag oder von Amtswegen den nachträglichen Ausschluß des Intervenienten zu verfügen.

Gegen diese Beschlüsse steht den Interessenten das Recht der Beschwerde zu; denn dieselben müssen als „dritte Personen" im Sinne des § 347 St.P.O. betrachtet werden. Wären sie auf die Urteilsanfechtung beschränkt, so bedürften sie hierzu gerade derjenigen Legitimation, deren Nichtvorhandensein den betreffenden Beschluß veranlaßt hat.

§ 9. Die Ladung der Einziehungsinteressenten.

Der § 478 St.P.O. bestimmt:

„Personen, welche einen rechtlichen Anspruch .... haben, sind, soweit dies ausführbar erscheint, zu dem Termine zu laden."

1. Es handelt sich zunächst nur um die Ladung zu dem Termine, nicht um die Ladung im Termine. Daß das Gericht von Amtswegen noch Ladungen anordnen kann, versteht sich von selbst; allein die obligatorische Ladung gemäß § 478 ist Sache des Staatsanwalts (und nur im Falle der Privatklage § 425 Abs. 2 Sache des Gerichts).

2. Die Pflicht der Ladung ist nur dann begründet, wenn dieselbe ausführbar erscheint. Der Hauptgrund der Unausführbarkeit ist naturgemäß der Umstand, daß die Behörde den zu Ladenden nicht kennt. Nur solche Personen also müssen geladen werden, die dem Gerichte resp. der Staatsanwaltschaft bekannt sind — doch auch diese nur, soweit es der betreffenden Behörde[1] ausführbar erscheint.

Bei Beratung des Entwurfs zur St.P.O. in der Reichstagskommission (erste Lesung)[2] stellte v. Schwarze den Antrag, die Ladung der Interessenten so zu normieren:

„Personen .... sind auf ihr Ansuchen, oder wie ihr Anspruch dem Gerichte bekannt ist oder glaubhaft gemacht wird, von Amtswegen zu dem Termine zu laden, sofern nicht ihre Abwesenheit oder sonstige Hindernisse entgegenstehen."

Der Antrag wurde zurückgezogen, weil die Regierung erklärte, der kürzere Text wolle dasselbe sagen.

Dennoch scheint mir der Antrag einen großen Vorzug vor unserem Gesetz zu haben, nämlich den der objektiven Fassung,

[1] Rintelen 267; R VII, 52 nehmen an, daß immer das Gericht über die Ausführbarkeit zu entscheiden habe. Unserer Meinung: v. Kries, Lehrb. 756; Stenglein, Lehrb. 371; Stenglein, Komm. § 478, No. 2; Dorendorf 307.

[2] Hahn, Materialien zur St.P.O. 1881, I, 1130.

indem die St.P.O. durch das „ausführbar erscheint" viel zu sehr das freie Ermessen betont. Danach könnte der Staatsanwalt auch dem an demselben Orte wohnenden Interessenten, den er kannte, sagen: „Mir scheint Deine Ladung nicht ausführbar, folglich war sie nicht geboten."

Man muß vernünftigerweise eben hinzudenken: „soweit es der Behörde und einem billigen Ermessen ausführbar erscheint", indem das „billige Ermessen" die Fälle begreifen soll, in denen die Ausführbarkeit so auf der Hand liegt, daß niemand bona fide eine andere Meinung vertreten kann. Dies wird in der Praxis leicht festzustellen sein.

3. Die Personen müssen „einen rechtlichen Anspruch[1] auf die Sache haben", d. h. entsprechend den Ausführungen im vorigen Paragraphen: es müssen diejenigen Personen geladen werden, deren Ansprüche glaubhaft gemacht oder der ladenden Behörde bekannt sind (wofern die Ladung ausführbar erscheint). Diese Auslegung wird bestätigt durch den Wortlaut des erwähnten Antrags in der Reichstagskommission.

Durch die Ladung oder das Recht auf Ladung erwirbt der Interessent keine weiteren prozessualen Befugnisse als die, welche ihm sonst zuständen.[2]

Andererseits handelt es sich um keine eigentliche Zwangsladung; denn die Interessenten sind nie verpflichtet, in der Verhandlung zu erscheinen und ihre Rechte wahrzunehmen. Die Ladung übt nur einen indirecten Zwang aus, indem sie droht, die Verhandlung werde auch ohne Beisein der Interessenten stattfinden: sie ist also — wie Binding[3] mit Recht hervorhebt — auch eine Poenalcitation.

Ihr Zweck ist offenbar der, möglichst alle Interessenten, die dem Gerichte resp. der Staatsanwaltschaft bekannt sind, auf ihr Recht der Verteidigung aufmerksam und mit dem Termine bekannt zu machen sowie ihnen Zeit zur Vorbereitung zu geben. Deshalb muß auch zwischen der Ladung und der Hauptverhandlung die Frist von mindestens einer Woche liegen (§ 216 St.P.O.), und es müssen nur die geladen werden, die bis zum Beginn dieser einwöchentlichen Frist die Eigenschaften haben, welche die Ladungspflicht begründen.

---

[1] Hierunter sind sowohl dingliche wie obligatorische Rechte auf die Sache zu verstehen.

[2] Vergl. Anm. 1, S. 34, zu § 8 dieser Arbeit, auch die unklaren und sich widersprechenden Bemerkungen bei Stenglein. Komm. §478, No. 3 u. §479 No. 3.

[3] Grundriß zum Strafprozeß 99: „Das ist eine Aufforderung zum freiwilligen Erscheinen, sei es ohne, sei es mit Androhung von Nachteilen im Falle des Ausbleibens. Die Ladung mit solchem Präjudiz heißt Poenalcitation (z. B. Abhaltung der Hauptverhandlung trotz des Ausbleibens)."

Denn die Behörde kann nicht verpflichtet sein, Personen zu laden, die rechtzeitig überhaupt nicht geladen werden können; es müßte denn den betreffenden Personen bei der späteren Ladung bedeutet werden, daß für sie die einwöchentliche Frist nicht mehr gelte. Ziehen wir eine solche Schranke nicht, so könnte die Hauptverhandlung im objektiven Verfahren bis in infinitum hinausgeschoben werden.

Für diejenigen Personen, welche zwar vor Beginn der einwöchentlichen Frist ein Recht auf Ladung haben, aber erst später geladen werden, gilt natürlich der zweite Absatz des § 216 St.P.O. voll und ganz.

§ 10. Das Recht auf Zulassung zur Hauptverhandlung.

Die Einziehungsinteressenten „können alle Befugnisse ausüben, welche einem Angeklagten zustehen, sich auch durch einen mit schriftlicher Vollmacht versehenen Verteidiger vertreten lassen. Durch ihr Nichterscheinen wird das Verfahren und die Urteilsfällung nicht aufgehalten" (§ 378 Abs. 3 St.P.O.).

Einen „Angeklagten" nennt die St.P.O. denjenigen Beschuldigten, gegen welchen die Eröffnung des Hauptverfahrens beschlossen worden ist; erst mit diesem Zeitpunkte gewinnen daher auch die Interessenten die Befugnisse eines Angeklagten.

Der Angeklagte hat ein Recht darauf, zu der Hauptverhandlung zugelassen zu werden. Diesem Recht entspricht im allgemeinen eine Pflicht, die sich in der Möglichkeit eines Zwanges zur Teilnahme an der Hauptverhandlung äußert und zur Folge hat, daß diese ohne den Angeklagten gar nicht stattfinden kann (§ 229 St.P.O.). In den §§ 230 ff. St.P.O. ist diese Pflicht des Angeklagten zwar erheblich abgeschwächt, aber nicht beseitigt. Denn § 235 gewährt dem Gerichte stets die Befugnis, das persönliche Erscheinen des Angeklagten anzuordnen und zu erzwingen.

Auch das Recht des Angeklagten ist in diesen Fällen scheinbar eingeschränkt, indem durch sein Nichterscheinen die Verhandlung nicht gehemmt wird, sondern stattfinden kann. In der Erwägung aber, daß es nicht auf eine Verkümmerung der Rechte des Angeklagten, sondern nur auf die Verhinderung willkürlicher Hemmung der Hauptverhandlung ankommt, hat der Gesetzgeber im § 234 St.P.O. dem durch Naturereignisse oder andere unabwendbare Zufälle am Erscheinen in der Verhandlung verhinderten Angeklagten das Recht der „Wiedereinsetzung in den vorigen Stand" gegeben.

Der Unterschied zwischen diesen Fällen und dem objektiven Verfahren besteht also darin, daß dort das Verfahren und die Urteilsfällung durch Ausbleiben des Angeklagten nicht notwendig — d. h. nur nach Ermessen des Gerichts —, hier aber notwendigerweise nicht — d. h. nach dem Gesetze nicht — aufgehalten wird.

Diese Bestimmung steht in beiden Fällen in Widerspruch zu dem Rechte des Angeklagten auf notwendige Teilnahme an der Hauptverhandlung, nicht aber zu seinem Rechte auf Zulassung zu derselben. Das Recht auf Zulassung aber besteht in der Möglichkeit, nach freiem Willen in der Verhandlung entweder zu erscheinen oder nicht zu erscheinen, und dieses Recht steht den Einziehungs-Interessenten, wie niemand bezweifelt, zu. Der freie Wille aber wird durch unabwendbare Zufälle und Naturereignisse auch hier ausgeschlossen, und deshalb gehört zu den Rechten, die der Einziehungsinteressent wie ein Angeklagter ausüben kann, auch der Anspruch auf Wiedereinsetzung in den vorigen Stand.[1]

Nun fragt es sich aber, welchen Einziehungsinteressenten in concreto dieses Recht zusteht. — Es heißt in § 234 St.P.O.:

„Der Angeklagte kann gegen das Urteil binnen einer Woche nach der Zustellung die Wiedereinsetzung in den vorigen Stand .... nachsuchen.“

Die Rechtsmittelfrist beginnt im Strafprozeß mit der Verkündung des Urteils, wenn dieselbe in Anwesenheit des Angeklagten stattgefunden hat; sonst mit der Zustellung. Ersteres gilt entsprechend für die Einziehungsinteressenten; letzteres nur in beschränktem Maße. Denn während der Angeklagte eine dem Gericht bekannte Person ist, ist der Kreis der Interessenten ein unbestimmter und wechselnder. Das Gericht ist oft nicht im stande, allen Interessenten (im materiellen Sinne) das Urteil zuzustellen, und so könnte es vorkommen, daß ein Urteil im objektiven Verfahren niemals die volle Rechtskraft erlangte. Es ist deshalb notwendig, die Zustellung als Beginn der Rechtsmittelfrist nur in den Fällen anzunehmen, in denen eine Zustellung erfolgen muß;[2] für die übrigen Interessenten aber, gleichwie für die anwesenden, als Anfangstermin die Urteilsverkündung gelten zu lassen.

Wenn wir den § 234 St.P.O. auf das objektive Verfahren anwenden wollen, so dürfen wir, meiner Ansicht nach, keine Rücksicht darauf nehmen, daß derselbe nur von der Zustellung des Urteils spricht; es gilt vielmehr das Entsprechende, was wir soeben bezüglich der eigentlichen Rechtsmittel sagten, und der Paragraph lautet

---

[1] Gl. M.: Meves in H.H. II, 464, 465; Stenglein, Lehrb. 372; Komm. § 478, No. 4. A. M.: Ullmann 575; Bomhard und Koller 347; Keller 607; Dalcke 314; Puchelt 802; Geyer 886; Löwe § 478, No. 4.

[2] In welchen Fällen diese Pflicht besteht, wird später erörtert werden, siehe § 22 dieser Arbeit.

in Anwendung auf das objektive Verfahren: Die Interessenten können gegen das Urteil binnen einer Woche nach der Zustellung, resp. Verkündung, die Wiedereinsetzung in den vorigen Stand nachsuchen.

Denn es ist kein Grund vorhanden, nur denjenigen Interessenten die Wiedereinsetzung zu gewähren, denen das Urteil zugestellt werden muß.

---

§ 11. Das Recht zur Einlegung von Rechtsmitteln.

Das zweite Hauptrecht des Angeklagten, welches das Gesetz ausdrücklich erwähnt (§ 479), und welches an dieser Stelle in Bezug auf die Einziehungsinteressenten im allgemeinen behandelt werden soll, ist das Recht zur Anfechtung des Urteils.

Durch die früheren Ausführungen ist es zwar für uns schon entschieden, daß die Rechtsmittel gegen das Urteil nicht nur solchen Personen zustehen, welche bereits als Intervenienten auftraten, daß vielmehr der Beitritt eben durch die Einlegung des Rechtsmittels erfolgen kann;[1] — allein es muß bei der scheinbaren Singularität des Falles und den dadurch hervorgerufenen Bedenken mancher Schriftsteller doch auf die Einwendungen der letzteren noch in Kürze eingegangen werden.

Die Behauptung von Meves,[2] es „widerspreche jedem Prinzip, die Anfechtung von Urteilen Personen zu gestatten, welche bei einem zu Grunde liegenden Verfahren unbeteiligt gewesen sind", wird bereits durch die von uns dargelegte Analogie mit der Nebenintervention der C.P.O. genügend widerlegt. Außerdem ist es gänzlich unfruchtbar, Prinzipien, die man nur aus der Vergleichung der regelmäßigen Fälle erkannt hat, auf singuläre Fälle anwenden zu wollen und aus ihnen Schlüsse für diese Ausnahmen zu ziehen.

Als der wichtigste Einwand, der gegen die hier vertretene Ansicht erhoben worden ist, erscheint mir die Ausführung von Voitus,[3]

---

[1] Ullmann, 576, Anm. 4; Löwe § 479, No. 1; Dochow in v. Holtzendorffs Rechtslexikon I, 663; v. Kries, Rechtsmittel des C.Pr. und d. St.Pr., Breslau 1880, S. 25; v. Kries, Lehrb. 757; Rintelen 289, Anm. 2a; Dalcke 314; Keller 607; Bomhard und Koller 347; Geyer 886; R VII, 52 sprechen nur von den Interessenten, welche an dem Verfahren in erster Instanz nicht beteiligt waren, ohne diejenigen zu erwähnen, welche zum Beitritt noch gar nicht berechtigt waren. Dies thut Thilo 526, 527. Die Rechtsmittelbefugnis wird nur den in erster Instanz Beteiligten zuerkannt von: v. Schwarze, St.P.O. 600; Meves, a. a. O. 465; Voitus, Kontrov. II, 368 ff.; Voitus, Kommentar 466; v. Liszt, Preßrecht 230.

[2] a. a. O. 465. [3] Kontroversen II, 371, 372.

es seien die erst später auftretenden Interessenten zur Einlegung der Revision sicherlich deshalb nicht imstande, weil sie zu ihrer Legitimation erst die Thatsache der Existenz eines rechtlichen Anspruches nachweisen müßten, wofür im Revisionsverfahren kein Raum sei. Da nun der ursprüngliche Entwurf (§ 405) für das objektive Verfahren lediglich die Revision erwähnte,[1] so gehe daraus die Absicht des Gesetzgebers, den Kreis der zur Einlegung von Rechtsmitteln Legitimierten zu beschränken, deutlich hervor.

Es handelt sich für die Stellungnahme zu dieser Ansicht um die Auslegung des § 376 St.P.O.: „Die Revision kann nur darauf gestützt werden, daß das Urteil auf einer Verletzung des Gesetzes beruhe. Das Gesetz ist verletzt, wenn eine Rechtsnorm nicht oder nicht richtig angewendet worden ist."

Mit dieser Bestimmung ist gesagt, daß der Rechtsfall in thatsächlicher Hinsicht von der Revisionsinstanz nicht zu beurteilen sei. Damit ist jedoch die Beurteilung von Thatsachen überhaupt durchaus nicht ausgeschlossen: So werden z. B. sehr häufig thatsächliche Momente zu prüfen sein, welche die Voraussetzung der Verletzung einer Prozeßnorm bilden.[2]

Die Revision soll nur darauf gestützt werden, daß das Urteil auf einer Gesetzesverletzung beruhe. Der Gegensatz wäre, daß das Urteil aus anderen (thatsächlichen) Gründen angefochten würde. Allein, daß die Revision auf die Thatsache der Legitimation des Beschwerdeführers gestützt werde, das ist doch selbstverständlich und steht in gar keinem Gegensatz zum § 376 St.P.O. Wird man wohl demjenigen, der als angeblich Verurteilter in der Revisionsinstanz erscheint, nicht nachweisen dürfen, daß er gar nicht der Angeklagte sei? Und warum sollen die thatsächlichen Erörterungen über das Recht des appellierenden Einziehungsinteressenten, die doch mit dem Urteil und seiner Entstehung gar nichts zu thun haben, in der Revisionsinstanz ausgeschlossen sein?

---

§ 12. Anhang: Gelten die Bestimmungen über die Einziehungsinteressenten lediglich für das objektive Verfahren?

Die Einziehungsinteressenten werden in dem Gesetze an einer anderen Stelle als im Zusammenhange des objektiven Verfahrens nicht erwähnt. Es fehlen prozessuale Vorschriften über die gewöhn-

[1] Hahn, Materialien zur St.P.O. II, 1434.
[2] Vergl. u. a. E XXIII, 17.

liche Einziehung, und etwaige Besonderheiten des zur Einziehung als Nebenfolge führenden Regelverfahrens nennt das Gesetz nicht.

Man hat nun hieraus teils geschlossen, daß die §§ 477 ff. ganz singuläre und nur auf das objektive Verfahren anzuwendende Vorschriften enthalten, teils auch, daß hier nichts Neues, sondern nur ein schon allgemein gültiges Prinzip ausgesprochen sei, ein Prinzip, welches das Reichsgericht so formuliert: Es könnten „in das Eigentum eingreifende Entscheidungen von so schwerwiegender Bedeutung nicht getroffen werden, ohne daß dem unmittelbar Betroffenen die Möglichkeit gewährt sei, in einem vorausgehenden Verfahren mit seinen Einreden gehört zu werden".

Dieses Prinzip ist ein sehr eng gefaßtes, da es nicht das rechtliche Gehör selbst als etwas Notwendiges, sondern nur die Gewährung der Möglichkeit desselben vorschreibt; es ist offenbar den §§ 478 ff. selbst entnommen und behauptet daher nichts anderes als die analoge Anwendbarkeit dieser Paragraphen auf das gewöhnliche Verfahren.

Es ist nicht zu leugnen, daß gerade unsere Annahme einer Nebenintervention im objektiven Verfahren den Gedanken nahe legt, eine solche müsse erst recht da ihren Platz finden, wo eine Person auf passiver Seite stehe, wo es sich also recht eigentlich um die Unterstützung einer Partei handle.[1]

Allein hier kommen nun wieder Gesichtspunkte anderer — strafprozessualischer — Art in Betracht:

1. Das objektive Verfahren ist ein seinem Wesen nach singuläres, und seine Bestimmungen sind nicht ohne weiteres auf eine andere Prozeßart auszudehnen. Auch seine äußerliche Stellung in der St.P.O. (als „besondere Art des Verfahrens") läßt eine solche Ausdehnung prima facie nicht zu.

2. Die gewöhnliche Einziehung wird gegen eine Person ausgesprochen; sie richtet sich zwar auch von Natur aus und immer zunächst gegen die Sache, ist aber regelmäßig, da sie Folge eines Deliktes ist, nur gegen den Delinquenten auszusprechen. Durch das Urteil wird diesem bedeutet:

„Du hast ein Delikt begangen, wir strafen dich dafür. Zugleich hat dein Delikt bewirkt, daß wir die Maßregel gegen die Sache

[1] Für die Ausdehnung der Bestimmungen auf das gewöhnliche Verfahren: v. Kries, Rechtsmittel 25—29; Lehrb. 226 ff.; Kohler 673; Stenglein, Lehrb. 379; Komm. § 479, No. 5; H. Seuffert in v. Stengels Wörterb. I, 315, Sp. 2 und 316, Sp. 1; Löwe 900 ff. („zum fünften Abschnitt"); Oppenhoff, St.G.B. § 40, No. 17; R IV, 79 ff.; R IX, 66 ff. (bes. S. 68). — Dagegen: Meves in H.H. II, 459; Ullmann 574; Keller 605; Puchelt 799; Thilo 526; Dorendorf 306; Jastrow in G.A. XXXIII, 54; Voitus, Kontr. II, 378 ff.; Bozi in G.A. XXIX, 416.

anordnen, darum sprechen wir sie in dem gegen dich gerichteten Strafurteil aus. Unsere Verantwortung entfällt.. Du konntest, wenn dir dran gelegen war, die Verteidigung der Einziehungssache übernehmen; wenn dies nicht geschehen ist, so geht es uns so wenig an, wie die Ansprüche, die etwaige Interessenten später gegen dich erheben können."

In anderen Fällen gar (§ 40 St.G.B.) heißt es:

„Dein Thun ist schuld, daß wir die Einziehung anordnen und dein Vermögen vorsätzlich beschädigen." — Dann wird die Einziehung zur Strafe.

In allen diesen Fällen hat der Angeklagte den Einziehungsgegenstand prozessualisch zu vertreten. Der Richter hat ja die materiellen Vorschriften des Gesetzes hinsichtlich der Beschränkung durch die Eigentumsfrage zu berücksichtigen, er wird Zeugen zur Feststellung des Eigentums vernehmen, wird auch Interessenten selbst als Zeugen vernehmen, zumal bei fakultativer Einziehung; aber er darf nicht neue Personen, die als Nebenintervenienten fungieren sollen, hinzuziehen, resp. unbestimmten Personen die weitgehendsten, den ganzen Prozeß umfassenden Befugnisse gewähren. Es wäre das, wie Voitus sehr richtig bemerkt, geradezu eine Benachteiligung des Angeklagten, namentlich wenn er sich in Untersuchungshaft befände, da der Prozeß unverhältnismäßig lange verschleppt werden könnte.[1]

Wenn unsere Strafgesetze strenge an dem Prinzip festhalten, daß, wo irgend möglich, die Einziehung als Nebenfolge zu statuieren sei, so hat dies meiner Ansicht nach eben darin seinen Hauptgrund, daß der Delinquent, gegen den über das Delikt ordentlich verhandelt wird, zugleich die Sache vertreten soll, auch da, wo die Einziehung gar keine Strafe für ihn sein kann.

Ganz anders ist es bei dem objektiven Verfahren: Hier stehen die Interessenten, da es sich nur um die Einziehung handelt, im Vordergrunde, während dort für sie kein Raum ist, wo wichtigere Rücksichten maßgebend sind.

3. Im Falle des selbständigen Erkennens zusammen mit dem Urteile in der Hauptsache wäre — gemäß unseren Erörterungen im § 7 — die Ausschließung der Interessenten in keiner Weise zu rechtfertigen.[2]

Ich nehme an, daß das selbständige Erkennen, wenn es in Verbindung mit dem Haupturteil erfolgt, doch nicht eigentlich zu diesem gehört; es ist — und das muß von großer Wichtigkeit sein —

---

[1] Vergl. die Ausführungen bei Voitus, Kontr. II, 378.

[2] A. M.: Dorendorf 306; Puchelt 800.

ein selbständiges Urteil, das jedoch (wenigstens zum großen Teil) auf den Ergebnissen einer Verhandlung beruht, die eigentlich und hauptsächlich einen anderen Zweck hatte.

Die Zuziehung der Interessenten wird nun allerdings, wenn man nicht den Zweck jener Verbindung mit dem Hauptturteil außer Acht lassen wollte, meist unausführbar erscheinen; doch das steht theoretisch mit unseren früheren Ausführungen nicht im Widerspruch, und praktisch bleibt den Interessenten ja ihr wichtigstes Recht, nämlich die Befugnis, das Urteil anzufechten.

Dies alles hat aber nur dann einen Sinn, wenn die beiden Urteile als getrennte, d. h. vor allem auch nur getrennt anfechtbare gedacht werden.

Das Einziehungsurteil kann dann (auf passiver Seite) nur von den Interessenten, das Urteil in der Hauptsache aber (entsprechend) nur von dem Angeklagten[1] angefochten werden.

Zweiter Teil.

Das objektive Verfahren im einzelnen.

Erster Abschnitt.

Die Anwendung der allgemeinen Bestimmungen der St.P.O. auf das objektive Verfahren.

§ 13. Die Zuständigkeit der Gerichte.

Im § 477 St.P.O. heißt es:

Es „ist der Antrag .... bei demjenigen Gerichte zu stellen, welches für den Fall der Verfolgung einer bestimmten Person zuständig sein würde.

An die Stelle des Schwurgerichts tritt die an dessen Sitzungsorte bestehende Strafkammer.“

Die Regeln über die sachliche und örtliche Zuständigkeit, wie sie im gewöhnlichen Verfahren gelten, sollen hiernach analoge Anwendung auf das objektive Verfahren finden.

[1] Natürlich auch von den Personen, die dem Angeklagten gleich stehen (§ 340 St.P.O.).

I. Die sachliche Zuständigkeit.

Dieselbe bestimmt sich nach dem Delikt, durch welches die Einziehung bedingt ist, und zwar gemäß den allgemeinen Vorschriften dcs Gerichtsverfassungsgesetzes. Sonach findet das objektive Verfahren in erster Instanz vor dem Schöffengerichte, dem Land- oder Reichsgerichte und in den Fällen vor dem Amtsrichter ohne Zuziehung von Schöffen statt, in denen die Landesgesetze von der Erlaubnis zu einer besonderen prozessualen Regelung der Forst- nnd Feldrügesachen (gemäß § 3 Abs. 3 des Einführungsgesetzes zur St.P.O.) Gebrauch gemacht haben.

Nun wird es aber beim objektiven Verfahren ziemlich häufig vorkommen, daß die Einzelheiten eines Deliktes, feine Unterschiede, die für die Bestrafung einer Person wesentlich wären, sich nicht feststellen lassen, und meist wäre eine solche Feststellung auch völlig unnötig. Wenn so, infolge des Zweifels über die Natur des Deliktes, Zweifel über die sachliche Zuständigkeit entstehen, so ist das höhere der in Betracht kommenden Gerichte als zuständig anzusehen.[1] Denn sonst käme das niedere Gericht unter Umständen in die Lage, sich für unzuständig erklären zu müssen, während bei dem höheren Gerichte Kompetenz auch dann vorliegt, wenn eigentlich die Sache vor ein niederes Gericht gehörte (§ 269 St.P.O.).

Eine Überweisung von der Strafkammer an das Schöffengericht (gemäß § 75 Gerichtsverfassungsges.) findet nicht statt; denn eine auch nur annähernde Schätzung der Strafe, auf welche im Einzelfalle bei Vorhandensein eines Angeklagten mutmaßlich erkannt werden würde, wäre bei Einleitung des objektiven Verfahrens etwas Undenkbares. Überhaupt müßte die Institution der Überweisung, wo es sich um eine absolut bestimmte Deliktsfolge handelt, ihren Sinn verlieren.

Ein Zusammenhang mehrerer Strafsachen kann auch für das objektive Verfahren dann in Betracht kommen, wenn „bei einer strafbaren Handlung mehrere Personen als Thäter, Teilnehmer, Begünstiger oder Hehler beschuldigt werden.“ (§ 3 St.P.O.). Man muß nur das Wort „beschuldigt“ nicht unbedingt in dem Sinne nehmen, als ob damit eine Person in der Parteistellung eines Beklagten bezeichnet werde.

Solche zusammenhängende Strafsachen können auch im objektiven Verfahren verbunden anhängig gemacht oder später verbunden werden. Gehörten sie einzeln zur Zuständigkeit von Gerichten

---

[1] Ebenso Bomhard und Koller 396; v. Kries, Lehrbuch 755; München I, 80 (Anmerkung).

gleicher Ordnung, so liegt im ersten Falle der eventuelle Antrag auf objektives Verfahren in Verbindung mit der Klage in der Hauptsache vor: im zweiten Falle erfolgt die Verbindung, ohne daß ein Beschluß im Sinne des § 4 St.P.O. nötig wäre.

Die Strafsachen können auch zur Zuständigkeit von Gerichten verschiedener Ordnung gehören (Schwurgericht und Strafkammer). Hier kann theoretisch eine nachträgliche Verbindung erfolgen, was jedoch in praxi nie geschehen wird.[1] Verwandt mit diesem Fall ist die Verbindung des Einziehungsurteils mit dem Strafurteil; es ist also ein objektives Verfahren vor dem Schwurgericht möglich.

Daß eine Person mehrerer strafbarer Handlungen beschuldigt werde (§ 3 Satz 1 St.P.O.), kommt für das objektive Verfahren nicht in Betracht. Unterliegt ein und derselbe Gegenstand wegen mehrerer Delikte der Einziehung, so wird die Praxis sicherlich keinen Anstand nehmen, in einem objektiven Verfahren die Verhandlungen zu verbinden, mögen auch die Thäter der Delikte verschiedene Personen sein. Es liegt dann — man gestatte mir diesen Vergleich — eine Art Konkurrenz vor: die Sache hat nämlich bei mehreren Delikten mitgewirkt. Dies hat gerade bei der fakultativen Einziehung insofern eine Bedeutung, als der Richter die Mehrzahl der Delikte für seine Entscheidung nicht unbeachtet lassen wird. Eine solche Verbindung braucht übrigens auch gar nicht eine Häufung, sondern nur die Ermöglichung einer Auswahl zu bezwecken.[2]

Kann der Richter nur eins der Delikte leicht feststellen, so wird er die übrigen außer acht lassen und auf Einziehung erkennen. Ist die Sache dann erst eingezogen, so kann nicht von neuem wegen eines anderen Deliktes ein Verfahren auf Einziehung derselben Sache eingeleitet werden, da die Einziehung eine Maßregel ist, welche nur einmal vollstreckt und daher nach geschehener Vollstreckung nicht abermals verhängt werden kann.

---

[1] Die Motive zu § 403 des Entwurfs der St.P.O. (Hahn, Mat. I, 292) sagen bezüglich der Bestimmung über die sachliche Zuständigkeit der Strafkammer statt des Schwurgerichts: „Für die Vorschrift . . . . ist die Erwägung maßgebend gewesen, daß das hier angeordnete Verfahren sich mit den Bestimmungen über die Bildung der Geschworenenbank, die Beeidigung der Geschworenen und die Fragestellung nicht in Einklang bringen läßt.“ — Meves in H.H. II, 462 sagt, die Motive blieben die Gründe für diese Auffassung schuldig. Allein ich glaube, die Vorschrift des § 477, Abs. 2 (resp. § 403, Abs. 2 des Entwurfs) ist schon im Interesse der Vereinfachung durchaus zu billigen, zumal nach unseren Gesetzen, infolge der Subsidiarität des objektiven Verfahrens, es nicht wohl vorkommen kann, daß aus irgend welchen Gründen absichtlich den Geschworenen gewisse Entscheidungen entzogen werden. — Vergl. über die österreichischen Zustände die Verhandlungen des XV. deutschen Juristentages Bd. II, 291—305.

[2] Vergl. R V, 219.

II. Die örtliche Zuständigkeit.

Auch örtlich soll dasjenige Gericht zuständig sein, welches bei der Verfolgung einer bestimmten Person zuständig wäre.[1] So gelten auch im objektiven Verfahren als Principalfora die Gerichtsstände der begangenen That[2] und des Wohnsitzes;[3] doch wird der erstere weit öfter und leichter festzustellen, auch weit häufiger vorhanden sein als der andere, immer nämlich, wenn die Veranlassung zum objektiven Verfahren gerade in dem Umstand liegt, daß man den Thäter selbst oder seinen Aufenthaltsort (resp. Wohnsitz) nicht kennt.

Subsidiär ist auch hier ein Gerichtsstand der Ergreifung möglich, wenn ein forum domicilii nicht festzustellen und die strafbare Handlung entweder im Auslande oder an einem nicht genau bestimmbaren Orte im Inlande begangen worden ist. Ist also der Schuldige im Inlande ergriffen worden, wurde aber die weitere Verfolgung resp. Verurteilung desselben später unausführbar, so begründet für ein etwa eintretendes objektives Verfahren der Ort der Ergreifung einen Gerichtsstand, wofern nur dasselbe nicht ausdrücklich auf die Thäterschaft einer anderen Person als des Ergriffenen gestützt wird.

Entfällt auch dieser Gerichtsstand, so hat das Reichsgericht das zuständige forum zu bestimmen.

Unter mehreren, in Hinsicht auf die örtliche Zuständigkeit gleichberechtigten Gerichten entscheidet die Prävention (§ 12 St.P.O.).

Ist im objektiven Verfahren der Thäter nicht ermittelt worden, so greift diejenige Vorschrift Platz, die allen anderen subsidiär ist, nämlich die Bestimmung durch das Reichsgericht;[4] denn hier ist kein forum delicti commissi, kein forum domicilii, kein forum deprehensionis begründet — d. h. festgestellt. Es ist falsch, zu sagen, hier sei jedes sachlich zuständige Gericht auch örtlich zuständig; denn dann müßte in jedem Gerichtssprengel Deutschlands

---

[1] Nach preuß. Preßgesetz § 50 gab es einen Gerichtsstand der Beschlagnahme; dieser gilt heute nicht. Vergl. Oppenhoff, St.G.B. § 42, No. 10, 11; v. Liszt, Preßrecht 229; Löwe 947 (zum Ges. v. 7/V. 1874, No. 4); Stenglein, Komm. § 477, No. 4.

[2] Meves in H.H. II, 462; Ullmann 574; Löwe § 477, No. 8; v. Kries, Lehrb. 755: Stenglein, Lehrb. 370; R IX, 96. (Die beiden letzteren nehmen als zuständig auch das Gericht desjenigen Ortes an, an dem die nicht strafbare Handlung begangen wurde. Eine solche kommt für uns nicht in Betracht.)

[3] Meves, a. a. O. 462; Ullmann 574; v. Kries, Lehrb. 755. — Übrigens gilt auch der Gerichtsstand des § 10.

[4] A. M.: Meves in H.H. II, 462 („Ist der Thäter unermittelt geblieben, so ist jedes sachlich zuständige Gericht auch örtlich zuständig." Meves entscheidet sich daher für das forum praeventionis). Dagegen: v. Kries, Lehrb. 755; Löwe § 477, No. 8; R IX, 290; Stenglein, Komm. § 477, No. 4.

entweder ein forum delicti commissi oder ein forum domicilii oder ein forum deprehensionis begründet sein, was niemand behaupten wird; dadurch aber, daß in dem einen Sprengel nicht mehr und nicht weniger Möglichkeit für das Vorhandensein eines der einfachen Gerichtsstände vorliegt, als in dem anderen, dadurch ist ein forum nicht allerorten begründet, sondern es könnte nur möglicherweise allerorten begründet sein.

Hat in dem zunächst gegen eine Person gerichteten Verfahren eine Voruntersuchung stattgefunden und ist für diese durch eine Entscheidung die örtliche Zuständigkeit festgestellt worden (§ 17 St.P.O.), so ist nach Wegfall des Angeschuldigten dieser Gerichtsstand für das objektive Verfahren nur dann festgestellt, wenn eine andere Person als der frühere Angeschuldigte die That nicht begangen haben kann.[1]

§ 14. Die Gerichtspersonen.

Die Besetzung der Gerichte ist im objektiven Verfahren dieselbe wie im Regelverfahren.

Im einzelnen Falle können auch hier Gründe vorliegen, welche den im allgemeinen befähigten Gerichtspersonen das Recht, als solche mitzuwirken, beschränken oder nehmen.

I. Der Richter[2] ist von der Ausübung seines Amtes in concreto ausgeschlossen:

1. wenn er selbst durch die strafbare Handlung verletzt ist,

2. wenn er in gewissen persönlichen und verwandtschaftlichen Beziehungen zu der verletzten Person steht oder auch nur gestanden hat (siehe § 22 Ziffer 2 und 3 St.P.O.). Zu denen, „die durch die strafbare Handlung verletzt“ sind, gehören nicht etwa die Einziehungsinteressenten; denn sie sind nicht unmittelbar durch das Delikt, sie können erst durch das Urteil verletzt werden. Die Verletzten im Sinne des § 22 St.P.O. sind aber gerade diejenigen, welche durch die Verurteilung eine Art Genugthuung erhalten.

Inwiefern kommen aber für das objektive Verfahren die persönlichen Beziehungen zu dem „Beschuldigten“ in Betracht? Ein

[1] Vergl. v. Schwarze, St.P.O. 800 (zu § 477); v. Kries, Lehrb. 756: „Auch die §§ 16 ff. gelten hier.“ — §§ 13, 14, 15, 19 St.P.O. finden auf das objektive Verfahren Anwendung.

[2] Dieselben Bestimmungen wie für den Richter gelten für Schöffen und Gerichtsschreiber (§ 31 St.P.O.). Für den Gerichtsvollzieher giebt es lediglich eine Ausschließung kraft Gesetzes; und der § 156, II Gerichtsverfassungsges. findet entsprechende Anwendung.

Beschuldigter nimmt als solcher im Prozesse keine Stellung ein, ein Ausschließungsgrund ist daher, selbst wo der Schuldige bekannt ist, nicht vorhanden.

Der Richter ist ferner kraft Gesetzes ausgeschlossen, wenn er

3. als Beamter der Staatsanwaltschaft, der Polizei, als Anwalt des Verletzten, Verteidiger, Zeuge oder Sachverständiger in der Sache mitgewirkt hat.

Die „Sache“ bedeutet hier nur das objektive Verfahren oder eine andere Sache, mit der es verbunden ist, so lange die Verbindung dauert. Tritt nachträgliche Trennung ein, so wird der Richter durch seine Vernehmung in der anderen Sache als Zeuge für das objektive Verfahren nicht ausgeschlossen. Ebenso wenig wird er durch Vernehmung in dem vorausgegangenen, aber nicht zu Ende geführten Verfahren gegen eine bestimmte Person ein iudex inhabilis für das objektive Verfahren.

4. Bezüglich der Mitwirkung eines Richters bei verschiedenen, von einander abhängigen Entscheidungen gilt der § 23 St.P.O., resp. Abs. 1 und 3 dieses Paragraphen.[1]

5. Wenn ein Richter selbst Einziehungsinteressent oder mit einem solchen verwandt, verschwägert ist u. s. w., so reichen die Bestimmungen der St.P.O. für das objective Verfahren nicht aus. Hier können wir zur Ergänzung die Vorschriften des § 41 C.P.O. herbeiziehen. Wie dort unter dem Begriff „Partei“ auch die Nebenintervenienten zu verstehen sind, so hier die Einziehungsinteressenten, wofern sie sich nämlich an dem Prozesse beteiligt haben: denn das bloße Interesse genügt so wenig wie im Civilprozesse, und die Ladung so wenig wie z. B. die Litisdenunziation.[2]

Es ergiebt sich also, daß der Richter ausgeschlossen ist, wenn er entweder selbst interveniert hat oder zu Intervenienten in einem Verhältnisse steht, wie es durch § 41 Ziffer 2 und 3 C.P.O. bezeichnet ist.[3]

II. Der Richter kann ferner wegen eines Ausschließungsgrundes oder wegen Besorgnis der Befangenheit abgelehnt werden, und zwar

---

[1] § 23, Abs. 2 gilt auch dann nicht, wenn eine Voruntersuchung in dem zunächst persönlichen Verfahren stattgefunden hat. Man beachte dagegen den letzten Absatz des § 13 dieser Arbeit betr. die Zuständigkeit! Den Grund für die Verschiedenheit wird man leicht einsehen, wenn man die eigentümliche Regelung der Zuständigkeit durch § 477 betrachtet: „Bei demj. Gerichte . . . ., welches für den Fall der Verfolgung einer bestimmten Person zuständig sein würde.“

[2] Seuffert, C.P.O. § 41, No. 3.

[3] Vergl. Gaupp, C.P.O. I, § 41, No. III; Francke, Die Nebenparteien der deutschen C.P.O. u. s. w., Göttingen 1882, S. 108. A. M.: Wach, Handbuch des Civilprozesses 288; Seuffert, C.P.O. § 41, No. 3.

von dem Staatsanwalt, dem Privatkläger und allen Einziehungsinteressenten.[1] Auch kann er selbst die Ablehnung herbeiführen (§ 30 St.P.O.).

§ 15. Die Parteien.

I. Als Kläger treten im objektiven Verfahren auf:
1. Die Staatsanwaltschaft.
2. Der Privatkläger und der Nebenkläger.
3. Die Verwaltungsbehörde im Falle des § 464 St.P.O.

II. Die Einziehungsinteressenten haben gemäß § 478 Abs. 3 St.P.O. das Recht, sich durch einen mit schriftlicher Vollmacht versehenen Verteidiger in der Hauptverhandlung vertreten zu lassen.

Es erscheint seltsam, daß die St.P.O. hier von einem „Verteidiger" spricht, da wir gewohnt sind, diesen Begriff mit dem eines Angeklagten als verwachsen zu betrachten. Man sollte meinen, es müsse sich hier um ein civilprozessualisches, nicht aber um ein dem Strafprozeß entstammendes Institut handeln. Und doch ist dem nicht so:

Wie der Einziehungsinteressent selbst nicht oder nicht allein zur Geltendmachung seines privatrechtlichen Anspruchs, sondern im allgemeinen zur Unterstützung der „passiven Partei" dem Prozesse beitritt, so ist es auch die Aufgabe des „Verteidigers" im objektiven Verfahren, in den eigentlichen Strafprozeß einzugreifen und womöglich die Behauptung des Klägers, daß ihm ein strafrechtlicher Anspruch zustehe, zu widerlegen.

Es ergiebt sich ferner rein äußerlich aus der Fassung unseres Gesetzes, daß es demselben darum zu thun ist, hier an der strafprozessualischen Verteidigung festzuhalten. Denn während bei einem anderen, dem Civilprozesse verwandten Verfahren, der Privatklage, ausdrücklich von dem „Rechtsanwalt", nicht aber von einem „Verteidiger" die Rede ist, spielt der mit schriftlicher Vollmacht[2] versehene Verteidiger eine Rolle nicht nur im objektiven Verfahren, sondern auch schon in anderen Bestimmungen der St.P.O., in welchen es sich um die eigentliche Verteidigung eines Angeklagten handelt (z. B. §§ 233, 457, 451, 390). Daraus aber geht deutlich

---

[1] Puchelt 802. — Dies Recht steht auch denjenigen Einziehungsint. zu, die bisher dem Prozesse nicht beigetreten waren, weil alsdann eben in dem Ablehnungsgesuch die Intervention läge.

[2] Die schriftliche Vollmacht bedarf keiner besonderen Form, vor allem keiner notariellen Beglaubigung.

genug hervor, daß wir es im objektiven Verfahren mit demselben Rechtsinstitute zu thun haben, wie in den gleichlautenden anderen Gesetzesbestimmungen.

Es ergeben sich nun weiter folgende Konsequenzen:

1. Die Einziehungsinteressenten haben auch das Recht, sich des Beistandes eines Verteidigers zu bedienen;[1] allerdings nicht „in jeder Lage des Verfahrens", sondern erst, nachdem der Eröffnungsbeschluß ergangen ist.

Eine notwendige Verteidigung im Sinne des § 140 St.P.O. giebt es für das objektive Verfahren nicht; die Bestellung eines Verteidigers aber durch das Gericht resp. den Vorsitzenden kann in jedem Falle auf Antrag des Interessenten erfolgen, ohne daß hierbei die Konsequenzen des § 145 St.P.O. jemals eintreten können, da sonst für den Gang der Hauptverhandlung Hindernisse entständen, welche für das objektive Verfahren ausdrücklich beseitigt sind (§ 478 Abs. 3 St.P.O.).

2. Der gewählte Verteidiger muß in jedem Falle zu den nach § 138 St.P.O. wählbaren Personen gehören. —

Aus der Bestimmung des § 478 ergiebt sich, daß in Abwesenheit eines Interessenten für denselben nur ein mit schriftlicher Vollmacht versehener Verteidiger auftreten kann. Wie aber, wenn der Interessent selbst dem Prozesse beiwohnt? Giebt es auch hier nur eine Verteidigung, oder können auch andere Beistandspersonen an dem Verfahren teilnehmen? Die St.P.O. läßt den Ehemann einer Angeklagten, den Vater, Adoptivvater oder Vormund eines minderjährigen Angeklagten zur Hauptverhandlung zu. Diese Bestimmung verliert ihren Sinn, wenn ein eigentlicher Angeklagter nicht vorhanden ist; denn es handelt sich dabei um solche Personen, die aus natürlichen Gründen auch sonst im Leben allgemein eines gewissen Schutzes bedürfen, und die deshalb gegenüber der Strafklage, welche ihre Person bedroht, trotz des Verteidigers im Nachteil sein könnten, wenn man ihnen den Beistand ihrer natürlichen Beschützer entzöge. Da nun die Person des Einziehungsinteressenten durch keine Strafklage gefährdet ist, liegt auch kein Grund vor, jene persönlichen und natürlichen Beziehungen besonders zu berücksichtigen.

Hiernach ist also meiner Ansicht nach für den Beistand im Sinne des § 149 St.P.O. im objektiven Verfahren kein Platz; andererseits aber ist es auch nicht möglich, den allgemeinen Grundsatz der

[1] Mehrere Interessenten können auch durch einen Verteidiger ihre Sache führen lassen; ebenso können für einen Interessenten mehrere Verteidiger in der Hauptverhandlung auftreten. Dem als Beistand eines Interessenten erscheinenden Verteidiger dient die Anwesenheit des Interessenten selbst zur Legitimation.

C.P.O. (§ 86) hier anzuwenden, da derselbe zu eng mit der Unterscheidung zwischen Anwaltsprozeß und Parteiprozeß verknüpft ist. In praxi ist dieses Resultat um so weniger zu bedauern, als ja für den prozeßunfähigen Interessenten von selbst der gesetzliche Vertreter auftritt.

---

§ 16. Die Beweis- und Sicherungsmittel.

I. Zeugen.

1. Von der allgemeinen Zeugnispflicht sind im gewöhnlichen Verfahren der Verlobte, der Ehegatte und gewisse nahe Verwandte und Verschwägerte des Beschuldigten (§ 51 Ziffer 1—3 St.P.O.) entbunden.

Man pflegt das Wort „Beschuldigter“ im Sinne dieses Paragraphen ein wenig weiter auszulegen als gewöhnlich Der Beschuldigte ist nicht nur der in diesem Verfahren, sondern der dieser That Beschuldigte, so daß z. B. auch ein Mitschuldiger, der schon rechtskräftig abgeurteilt oder bereits gestorben ist, unter diesen Begriff fällt.[1] Diese Ausdehnung halte ich für richtig; denn wenn man dem Zeugen das Recht gewährt, über die That eines Angehörigen das Zeugnis zu verweigern, so geschieht dies nicht nur, damit der Zeuge der Notwendigkeit überhoben sei, ihm nahestehende Personen in die Gefahr einer Verurteilung zu bringen, sondern überhaupt, damit er nicht in das Dilemma gerate, entweder falsch aussagen oder die Pietät verletzen zu müssen. Auf Grund dieser Erwägung scheint es mir auch angemessen, daß im objektiven Verfahren der Angehörige des „Beschuldigten“, d. h. des Verdächtigten — sofern ein solcher vorhanden ist —, zur Verweigerung des Zeugnisses berechtigt sei.

2. Durch die Mitwirkung der Einziehungsinteressenten können sich bezüglich der Stellung des Zeugen naturgemäß ähnliche Konflikte ergeben, wie im gewöhnlichen Prozesse durch das Verhältnis zum Beschuldigten. Dennoch läßt uns die St.P.O., die nur von den „Befugnissen“ des Angeklagten spricht, hier im Stiche. Wir müssen daher von neuem das Institut der Einziehungsinteressenten seinem Wesen nach betrachten, um so die Resultate zu finden, die zu suchen das Bedürfnis der Praxis uns nötigt.

Die Interessenten können, wenn sie dem Prozesse beigetreten, als Nebenintervenienten, als „Nebenpartei“ auf passiver Seite, meiner

---

[1] Stenglein, Lehrb. 177, 178; E I, 207; III, 161; XVI, 154.

Ansicht nach keine Zeugen sein.[1] Wurde eine Person, die Interessent war, ohne beizutreten, als Zeuge vernommen, so hört sie auf Zeuge zu sein,[2] sobald sie als Intervenient in das Verfahren eingreift. Es ergiebt sich ferner, daß wir berechtigt sind, die Befugnis zur Zeugnisverweigerung auch auf die Verwandtschaft u. s. w. mit den Intervenienten zu gründen.[3] Dies lehrt uns die Analogie mit § 348 Ziffer 1—3 C.P.O. („Partei"), während die entsprechende Bestimmung der St.P.O. zwar keine Rücksicht darauf genommen hat, daß es auch im Strafverfahren eine Nebenpartei geben kann, aber durch ihre spezielle Bestimmung sicherlich das in beiden Prozeßordnungen geltende allgemeine Prinzip über die Stellung des Zeugen nicht einschränken wollte.

Im übrigen gelten über Zeugnisverweigerung, Beeidigung und Vernehmung der Zeugen im objektiven Verfahren die gewöhnlichen Regeln.

II. Sachverständige können das Gutachten aus denselben Gründen verweigern, wie die Zeugen ihr Zeugnis. Auch können sie gleich dem Richter abgelehnt werden, nur nicht aus dem Grunde ihrer früheren Vernehmung als Zeugen.

III. Sachliche Beweismittel und Einziehungsgegenstände unterliegen im allgemeinen der gleichen Behandlung wie im gewöhnlichen Verfahren.

Schriftliche Mitteilungen zwischen dem der Begehung des Deliktes Bezichtigten und den Personen, die wegen ihrer Beziehungen zu ihm das Zeugnis ganz verweigern dürfen, ohne jedoch als Teilnehmer oder Begünstiger verdächtig zu sein, dürfen nicht in Beschlag genommen werden, wenn sie sich in den Händen der letzteren befinden. Dieser Fall ist analog dem der Zeugnisverweigerung selbst, und deshalb kann das Wort „Beschuldigter" auch hier im weitesten Sinne aufgefaßt werden. Auf die Einziehungsinteressenten ist dies hier natürlich nicht zu beziehen.

Zulässig ist ferner die Beschlagnahme der Briefe, Sendungen und Telegramme, die an den „Beschuldigten" gerichtet oder wahrscheinlich für ihn bestimmt sind u. s. w., auf den Post- und Telegraphenanstalten. Auch für diese Handlung genügt der Verdacht

---

[1] So: Francke, Nebenparteien der C.P.O. S. 109. A. M.: Gaupp, C.P.O. 660 (Vorbemerkung zu § 338 ff., No. I) und die daselbst in Anm. 6 citierten. — Man wird mir entgegnen, daß doch auch der Nebenkläger als Zeuge vernommen werden könne; allein dies scheint mir eben gleichfalls sinnwidrig zu sein — trotz des Reichsgerichtsurteils v. 25/X. 1880 (R. II, 382).

[2] Nicht mit rückwirkender Kraft.

[3] Vergl. Francke, a. a. O. S. 108, Abs. 2; Wach, Handb. des Civilprozesses 643 oben; Seuffert, C.P.O. § 41, Anm. 3 und § 348 Anm. 4.

eines begangenen Deliktes, und es bedarf noch keines Vorgehens gegen die bestimmte Person: daher ist analoge Anwendung auf das objektive Verfahren möglich.

Ganz deutlich aber ergiebt sich unsere Ansicht bei den Bestimmungen über die Zulässigkeit der Durchsuchung.[1] Da heißt es: Die Durchsuchung der Räume sowie der Person selbst und der ihr gehörigen Sachen sei bei demjenigen, welcher als Thäter oder Teilnehmer u. s. w. einer strafbaren Handlung verdächtig ist, zum Zwecke seiner Ergreifung u. s. w. gestattet.

Daß diese Vorschrift für das objektive Verfahren Geltung habe, wird niemand bezweifeln.

Zweiter Abschnitt.

Der Gang des objektiven Verfahrens.

§ 17. Die Erhebung der Klage.

I. Öffentliche Klage.

Zu ihrer Erhebung ist die Staatsanwaltschaft berufen. Hat dieselbe durch eine Anzeige oder auf andere Weise von dem Verdachte einer strafbaren Handlung Kenntnis erhalten, so hat sie den Sachverhalt zu erforschen, und zwar zunächst in Rücksicht darauf, ob gegen eine bestimmte Person die Anklage zu erheben sei. Erschien dies von vornherein unmöglich oder stellte es sich trotz genügender Nachforschung als unausführbar heraus, so ist zur Herbeiführung einer Einziehung von Gegenständen der Staatsanwalt bald berechtigt, bald verpflichtet, die Klage zu erheben. Die Verpflichtung hierzu ist aber nicht nur von dem Vorliegen genügender thatsächlicher Anhaltspunkte für das Delikt, sondern auch davon abhängig, daß das Vorhandensein von Einziehungsgegenständen festgestellt oder zum mindesten wahrscheinlich ist. Das letztere wird allerdings de lege lata stets der Fall sein, da diejenigen Delikte, als deren Folge die Einziehung obligatorisch angeordnet ist, gerade die Herstellung oder Verwendung der einzuziehenden Gegenstände zum Thatbestande haben. Allein auch andere Delikte, die nur ein Recht auf selbständige Einziehung, keine Pflicht hierzu begründen, haben einen entsprechenden Thatbestand: deshalb wird auch der Staatsanwalt, wenn er die Einziehung beantragen will, sicherlich keine Rücksicht

[1] § 102 StP.O. Vergl. Voitus, Kontroversen II, 269, 270.

darauf zu nehmen haben, ob es festgestellt sei, daß solche Gegenstände vorhanden oder noch vorhanden sind.

Dagegen könnte man in anderen Fällen, in denen das Vorhandensein von Einziehungsgegenständen nichts dem Delikte wesentliches, sondern mehr zufällig ist (§ 40 St.G.B.), verlangen, daß das Vorgehen des Staatsanwalts eine bestimmtere Richtung, d. h. eine Richtung gegen individuell bekannte, nicht blos vermutete Sachen annehme. Ich glaube jedoch nicht, daß man dies als unbedingtes Erfordernis aufstellen könne: der Antrag und überhaupt das Vorgehen des Staatsanwalts **kann** (theoretisch) ganz allgemein auf „Einziehung der etwa vorhandenen instrumenta oder producta sceleris" gerichtet sein, ebenso wie das Urteil auch solche Sachen mit ergreifen kann, von welchen zur Zeit der Urteilsfällung das Gericht gar nichts wußte.[1]

Die Aufgabe des Staatsanwalts ist es, sich über das Vorhandensein seiner Pflicht zur Stellung des Einziehungsantrages zu informieren; deshalb muß er in allen Fällen, wo eine solche Pflicht vorliegen kann, den Thatbestand der strafbaren Handlung möglichst genau erforschen. Dasselbe gilt, wenn er, ohne daß eine Pflicht vorliegt, dennoch das objektive Verfahren herbeiführen will.

Hält er nach Anstellung seiner Ermittelungen[2] das Delikt nicht für genügend festgestellt oder eine Einziehung für nicht statthaft, oder unterläßt er im Falle des Opportunitätsprinzips aus anderen Gründen trotz erfolgter Ermittelungen die Erhebung der Klage, so verfügt er Einstellung des Verfahrens. Jede Person kann die Erhebung der öffentlichen Klage bei der Staatsanwaltschaft beantragen und einen Bescheid auf ihren Antrag verlangen. Ist diese Person zugleich der durch das Delikt Verletzte, so steht ihr, wo die Ein-

[1] Die Anerkennung dieses Grundsatzes halte ich für durchaus notwendig, zumal da ein Nachtragsverfahren im Strafprozeß unmöglich ist. Wird z. B. im Regelverfahren die Einziehung einiger individuell bestimmter Gegenstände erkannt, und finden sich nach Rechtskraft des Urteils neue, auf Grund desselben Deliktes der Einziehung unterliegende Gegenstände, so kann auf keine Weise die Einziehung dieser Sachen in einem zweiten Urteile ausgesprochen werden. Es ist falsch, hier § 42 anwenden zu wollen (wie E XIV, 161 und **Stenglein**, Lehrb. 370 es thun); denn die nochmalige Verurteilung einer bestimmten Person ist auf Grund des „ne bis in idem", also aus einem rechtlichen Grunde, unausführbar; dieser Umstand hindert auch das objektive Verfahren. Sehr richtig sagt **Max Berner**, a. a. O. 21, das objektive Verfahren habe nicht die Bedeutung eines Korrekturmittels für unvollständige Urteile des Regelverfahrens. — Für Feststellung individueller Sachen sind: **Oppenhoff**, St.G.B. § 40, No. 5; v. **Schwarze**, St.G.B. 89, Abs. 1 (in § VIII). Unserer Meinung: **Bozi** in G.A. XXIX, 419.

[2] Für diese gelten die §§ 159—163 St.P.O.

ziehung obligatorisch ist, nach abschlägigem Bescheide der Weg der §§ 170 ff. St.P.O. offen.

Die öffentliche Klage wird im objektiven Verfahren durch Stellung des „Antrags“ erhoben. Derselbe ist bei dem zuständigen Gerichte zu stellen und entspricht der Anklageschrift des gewöhnlichen Verfahrens. Die Möglichkeit einer Voruntersuchung ist durch das Gesetz ausgeschlossen; überhaupt wäre eine solche da ohne Sinn, wo ein Angeklagter nicht vorhanden ist.[1]

Der Antrag muß folgendes zum Inhalte haben:

1. Eine möglichst genaue Bezeichnung der zu Grunde liegenden That, ihrer gesetzlichen Merkmale und des anzuwendenden Strafgesetzes.[2] Hervorzuheben ist alles, was für die Frage der Einziehung wesentlich sein kann; die Strafgesetze können in vielen Fällen alternativ bezeichnet werden, zumal da häufig die genaue juristische Untersuchung der Thatbestandsmerkmale gänzlich unnötig sein wird. Konkrete Delikte aber müssen unbedingt bezeichnet werden, und es genügt z. B. nicht, daß die Einziehung von „Werkzeugen, welche einmal zur Begehung irgend eines Deliktes gedient haben“, beantragt werde.[3] Dagegen genügt es, wenn im Antrage ausgeführt wird, daß der Gegenstand bei diesem einen oder jenem anderen Verbrechen mitgewirkt habe; doch sei es nicht bestimmt, bei welchem von beiden.

Im Antrage muß auch die Nichtausführbarkeit oder nicht geschehene Ausführung der Verfolgung u. s. w. betont resp. wahrscheinlich gemacht werden.

2. Die Beweismittel.

3. Das Gericht, vor dem die Hauptverhandlung stattfinden soll. Dasselbe ergiebt sich übrigens von selbst; denn der Antrag ist bei demjenigen Gerichte zu stellen, welches für die **Entscheidung** der Sache zuständig ist.

4. In den vor dem Reichsgerichte und dem Landgerichte zu verhandelnden Sachen sind auch die wesentlichen Ergebnisse der Ermittelungen in den Antrag aufzunehmen.

---

[1] Vergl. **Ullmann** 288: „Die Voruntersuchung hat den Zweck, die gegen eine bestimmte Person wegen einer best. Handlung erhobene Beschuldigung einer vorläufigen Prüfung zu unterziehen.“

[2] „Antrag“ muß die Erfordernisse der Anklageschrift haben: **Meves** in H.H. II, 461; **Ullmann** 574; **Bomhard** und **Koller** 395; **Stenglein**, Lehrb. 371; Kommentar § 477, No. 3; **Thilo** 525; v. **Kries**, Lehrb. 755; **Puchelt** 800; **Rintelen** 266; **Löwe** § 477, No. 5.

[3] Vergl. die treffliche Entscheidung des bayerischen Kassationshofes vom 23/XII. 1875 (abgedruckt in **Stenglein**, Zeitschrift V, 253 ff.); auch **Meves**, a. a. O. 462.

II. Privatklage.

Unter dem in § 477 erwähnten „Privatkläger“ ist nur diejenige Person zu verstehen, welche auch sonst zur Erhebung einer prinzipalen Privatklage berechtigt ist,[1] d. h. in den Fällen der nicht von Amtswegen verfolgbaren Beleidigungen und Körperverletzungen die verletzte oder sonst zu selbständigem Strafantrag befugte Person, resp. der gesetzliche Vertreter der ersteren.

Es ist falsch, den „Antrag eines Privatklägers“ in den Fällen als zulässig anzunehmen, in denen „die Einziehung in dem alleinigen Interesse von Privatpersonen liegt, somit in den Fällen, in welchen die Gesetze die Einziehung und deren Zulässigkeit von dem Antrage des Verletzten abhängig machen.“[2] Eine solche Deutung des Wortes „Privatkläger“, eine derartige Erweiterung dieses in der St.P.O. feststehenden Begriffes ist ganz unmöglich. Der „Antrag“ des § 477 ist ein besonderer technischer Ausdruck für die Klage im objektiven Verfahren und hat nichts zu thun mit dem Strafantrage (§ 61 St.G.B), noch auch mit dem Antrage irgend einer Person auf Strafverfolgung im Sinne der §§ 156 Abs. 1, 169 St.P.O. — Bei Antragsdelikten sind daher im objektiven Verfahren regelmäßig zwei „Anträge“ erforderlich. —

Über die Stellung des Antrags und dessen Form gelten die entsprechenden Regeln wie bei der gewöhnlichen Privatklage, resp. der öffentlichen Klage des objektiven Verfahrens.

Zum Anschlusse als Nebenkläger sind dieselben Personen berechtigt wie im gewöhnlichen Verfahren.[3]

III. Subsidiäre Klage von Seiten der Verwaltungsbehörde.

Bei Zuwiderhandlungen gegen die Vorschriften über die Erhebung öffentlicher Abgaben und Gefälle giebt es eine besondere Anklage durch die Verwaltungsbehörde. Diese kann unter den im § 464 St.P.O. angegebenen Voraussetzungen — allerdings nur bei Geltung des Legalitätsprinzips — auch ein objektives Verfahren einleiten. Der § 477 St.P.O. erwähnt zwar nur den Staatsanwalt und den eigentlichen Privatkläger; allein er will damit offenbar keine Beschränkung schaffen, sondern nur die beiden Fälle der Klagerhebung herausgreifen, welche am nächsten liegen und die regelmäßigen sind.

---

[1] Puchelt 800; Stenglein, Lehrb. 370; v. Kries, Lehrb. 755.

[2] So: Meves, a. a. O. 461; offenbar derselben Meinung Dochow 287: „Der Antrag ist, wenn bei der Einziehung das öffentliche Interesse in Frage ist, von der Staatsanwaltschaft, sonst von dem Privatkläger zu stellen.“

[3] Kohler, Patentrecht 673; v. Kries, Lehrb. 212.

§ 18. Die Maßnahmen des Gerichts auf Grund des gestellten Einziehungsantrages.

Es gilt in unserem Strafprozesse das allgemeine Prinzip, daß die Gerichte selbst darüber entscheiden, ob sie oder andere, ihnen untergeordnete Gerichte sich mit einer Sache zu befassen haben oder nicht. Dieses Prinzip, das durch das Erfordernis eines Eröffnungsbeschlusses ausgedrückt ist, besteht einmal zu Gunsten der Gerichte selbst, hauptsächlich aber zu Gunsten der Personen, welche durch das Strafverfahren betroffen werden. Der Eröffnungsbeschluß beruht auf einer vorläufigen Prüfung des Falles, ist ein vorläufiger Richterspruch,[1] durch welchen das Gericht in Stand gesetzt wird, die Beschäftigung mit aussichtslosen Anklagen abzuweisen und den Angeklagten vor einem ungenügend begründeten Strafverfahren zu schützen.

Für das objektive Verfahren wird im Gesetze ein Eröffnungsbeschluß nicht erwähnt. Es heißt nur: der Antrag ist bei dem zuständigen Gerichte zu stellen.

Und dann weiter:

„Die Verhandlung und Entscheidung erfolgt in einem Termine, auf welchen die Bestimmungen über die Hauptverhandlung entsprechende Anwendung finden."

Man hat dies, vor allem in der Praxis, so ausgelegt, daß sofort nach Eingehen des Einziehungsantrages vom Vorsitzenden der Termin zur Hauptverhandlung anzuberaumen sei,[2] d. h. daß schon mit Stellung des Antrages das Gericht mit der Sache befaßt sei. In diesem Falle kann es konsequenterweise eine Zurückweisung des Antrags, weil derselbe offenbar unbegründet sei, nicht geben; es muß zu einer Hauptverhandlung kommen, und zwar vor dem in dem Antrage bezeichneten Gericht. Diese Ansicht wird im wesentlichen auf folgende Weise begründet:

a) Der Eröffnungsbeschluß solle den bestimmten Angeschuldigten vor grundloser Verfolgung schützen. Wo es an jeder Anschuldigung und jedem Angeschuldigten fehle, könnte der Beschluß nichts als eine leere Formalität sein.[3]

---

[1] Ullmann 430: „Ein vorläufiges Urteil, das auf Grund nicht erschöpfender Feststellungen ergeht." Vergl. auch Glaser II, 423.

[2] So: Stenglein, Lehrb. 371; Komm. § 478 No. 1; v. Kries, Lehrb. 756; Löwe § 477, No. 6; München I, 79. Andere nehmen zwar keinen eigentlichen Eröffnungsbeschluß, aber doch einen „Beschluß auf Anberaumung der Hauptverhandlung" an, welcher im objektiven Verfahren die Stelle des Eröffnungsbeschlusses vertreten soll. So: Oppenhoff, St.G.B. § 42, No. 10, 11; E XIX, 428; Ullmann 575; Puchelt 802; R V, 215; R VI, 611 ff.

[3] Ullmann 575, Anm.; R VI, 612.

b) Die ganze Verhandlung und Entscheidung solle nach § 478 St.P.O. in dem einen Hauptverhandlungstermine stattfinden; gäbe es einen Eröffnungsbeschluß, so müßte schon in diesem die Sache genau erörtert werden, und die Hauptverhandlung wäre nur eine „Reproduktion dieser Erörterungen.“[1]

Es scheint mir nicht richtig, wenn man sagt, der Eröffnungsbeschluß sei im objektiven Verfahren überflüssig, weil die Interessen, die er schützen solle, nicht vorhanden seien. Ich möchte eher das Gegenteil behaupten: Ist auch das objektive Verfahren nicht gegen eine bestimmte Person gerichtet, so kommt doch leicht, und wo es zur genaueren Feststellung des Deliktes beiträgt, nach Möglichkeit das Delikt einer bestimmten Person zur Verhandlung, d. h. zur öffentlichen Verhandlung.

In den meisten anderen Fällen der St.P.O., in denen das Gericht ohne Eröffnungsbeschluß mit der Sache befaßt wird, ist es der Beschuldigte selbst, der das Verfahren herbeiführt, nicht ein Ankläger (§§ 456, 462 St.P.O), so daß diese Fälle als Analogie zum objektiven Verfahren nicht herbeigezogen werden können. Der § 211 St.P.O. aber betrifft besonders klare oder besonders leichte Fälle und bestätigt nur die Regel.

Was den Wortlaut des § 478 Abs. 1 betrifft, so läßt sich daraus wohl etwas Bestimmtes zur Lösung unserer Frage nicht entnehmen: Die Verhandlung und Entscheidung sollen in einem Termine stattfinden; das bedeutet doch zunächst nur die endgültige Verhandlung und Entscheidung, wie sie auch sonst Aufgabe der Hauptverhandlung sind, und enthält über die Frage, ob ein Termin überhaupt stattfinden solle, gar nichts. Mit den Worten „in einem Termine“ ist über die Vorbedingungen dieses Termines nichts gesagt; dieselben werden also denen des Regelverfahrens entsprechen.

Die Notwendigkeit eines die „Eröffnung des Hauptverfahrens“ betreffenden Beschlusses[2] scheint mir nun aus folgenden Gründen hervorzugehen:

1. Der Antrag des Klägers ist bei demjenigen Gerichte zu stellen, welches „für den Fall der Verfolgung einer bestimmten Person zuständig sein würde“. Hiermit soll in erster Linie das für die Entscheidung zuständige Forum bezeichnet werden, und dieses wird zugleich als das für die Stellung des Antrages zuständige Gericht normiert. Mit ersterem ist aber nicht dasjenige Gericht gemeint, welches nach Ansicht des Klägers zuständig ist, sondern

[1] Ullmann 575.

[2] Unserer Ansicht sind: Meves in H.H. II, 463; Keller 605; Rintelen 267; Thilo 525; Dorendorf 306; v. Liszt, Preßrecht 229; Geyer 886.

das Gericht, welches nach den allgemeinen Vorschriften für kompetent gilt, resp. nach Versäumung bestimmter Einwendungen als kompetent fingiert wird. Bringt daher der Kläger den Antrag bei einem in Wirklichkeit unzuständigen Gerichte ein, so hat er den Antrag nicht gemäß § 477 gestellt; denn er kann die Zuständigkeit des Gerichtes nicht schaffen und daher auch dasselbe nicht zwingen, wie ein zuständiges zu verhandeln. Nur Gerichte können ein anderes Gericht gegen dessen Willen mit einer Sache befassen, die nicht zu seiner Zuständigkeit gehört. —

Deshalb muß das Gericht, ehe es mit dem Einziehungsantrag befaßt wird, selbst seine Zuständigkeit prüfen, und es muß sicherlich im stande sein festzustellen, inwieweit gerade ihm die Verhandlung und Entscheidung jener Sache obliege.

2. Im Gegensatze zu anderen Bestimmungen der St.P.O., welche die Notwendigkeit eines Eröffnungsbeschlusses ausdrücklich beseitigen, wird für das objektive Verfahren eine Besonderheit nicht erwähnt, obgleich hier — wie bereits ausgeführt — der Beschluß nicht prima facie als überflüssig erscheint.

3. Durch die zweimalige Verhandlung der Sache wird weder der Beschluß, noch die Hauptverhandlung zu einer leeren Formalität herabsinken.

Was die That selbst betrifft, so kann die Verhandlung Neues bringen, die Auffassung des erkennenden Gerichtes kann eine andere sein als die des beschließenden; aber mag auch die Hauptverhandlung in concreto bezüglich des Deliktes nur eine Wiederholung sein, so würde es mir eher billig erscheinen, die Hauptverhandlung bezüglich der Erörterung des Deliktes zu beschränken (was de lege lata nicht angeht), als den Eröffnungsbeschluß zu beseitigen.

Eine andere Bedeutung aber erhält die Hauptverhandlung für die Entscheidung (namentlich bei fakultativer Einziehung) dadurch, daß den Einziehungsinteressenten der Beitritt gestattet ist; wenn auch ihre Anwesenheit im einzelnen Falle nicht zum Wesen der Hauptverhandlung gehört, so gehört doch die Möglichkeit ihrer Anwesenheit dazu.

Zweierlei Interessen werden durch das objektive Verfahren berührt: ein ideelles Interesse des der Missethat Bezichtigten und das materielle, privatrechtliche Interesse der Einziehungsinteressenten. Dem letzteren gewährt vor allem die Hauptverhandlung, dem ersteren vor allem der Eröffnungsbeschluß einen Schutz.

Deshalb hat sich auch der Beschluß hauptsächlich mit der strafbaren Handlung zu beschäftigen, d. h. vorläufig festzustellen, ob ein Delikt vorliegt, auf Grund dessen im konkreten Falle (also auch eventuell unter Berücksichtigung der Eigentumsfrage gemäß § 40

St.G.B.) selbständige Einziehung stattfinden kann. Dagegen glaube ich nicht, daß in den Fällen der fakultativen Einziehung und des Opportunitätsprinzips das beschließende Gericht willkürlich den Antrag zurückweisen könne: Das hier bestehende freie Ermessen ist, nachdem einmal der Antrag gestellt ist, Sache des erkennenden Gerichtes auf Grund der Hauptverhandlung.

Eine Mitteilung der Antragsschrift an die Einziehungsinteressenten oder eine Mitteilung des zu Protokoll erklärten Antrags (gemäß § 199 resp. § 422 St.P.O.) findet im objektiven Verfahren nicht statt,[1] da erst nach ergangenem Eröffnungsbeschlusse die Interessenten prozessuale Rechte erhalten.

Dagegen kann das Gericht, wenn eine Aufklärung der Sache nötig erscheint, die Erhebung einzelner Beweise durch besonderen (unanfechtbaren) Beschluß vor der Eröffnung des Hauptverfahrens anordnen.[2]

Wenn das Gericht die Nichteröffnung des Verfahrens beschließt, so muß aus dem Beschlusse hervorgehen, ob derselbe auf thatsächlichen Gründen (Unzulänglichkeit der Anhaltspunkte für Feststellung des Deliktes) oder auf Rechtsgründen (Verjährung) beruht.[3] Eine Bekanntmachung des Beschlusses (§ 202, Abs. 3 St.P.O.) an Einziehungsinteressenten findet nicht statt.

Das Gericht ist bei der Beschlußfassung an die Anträge des Klägers nur insofern gebunden, als sich seine Entscheidung auf dieselbe That beziehen muß. Sind mehrere Delikte in dem Antrage behufs Einziehung derselben Sache bezeichnet (§ 13, sub I dieser Arbeit), und erachtet das Gericht eines oder mehrere derselben zur Erledigung der Einziehung für unnötig, so wird es mit Zustimmung, resp. auf Antrag der Staatsanwaltschaft die Eröffnung des Verfahrens auf die übrigen Delikte beschränken. Diese Beschränkung wirkt nicht wie eine Ablehnung des Antrages (d. h. der betreffenden Teile desselben); aber sie kann auch nicht gleich behandelt werden, wie die vorläufige Einstellung (§ 208), da diese auf anderen Voraussetzungen beruht.

---

[1] E XXIV, 197 ff.; Meves in H.H. II, 463.
[2] Keller 605; Geyer 886; v. Liszt, Preßrecht 229.
[3] Meves, a. a. O. 463; Keller 605; Dorendorf 306.

§ 19. Die Vorbereitung der Hauptverhandlung.

Die Vorbereitung der Hauptverhandlung[1] umfaßt im wesentlichen die Anberaumung des Termines durch den Vorsitzenden, die Herbeischaffung der Beweismittel und die Ladung der Interessenten. Die letztere geschieht schriftlich mit dem Bemerken, daß im Falle des Nichterscheinens des Geladenen die Hauptverhandlung dennoch stattfinden werde.[2]

Zugleich mit der Ladung erfolgt die Zustellung des Eröffnungsbeschlusses an die Interessenten; dieselbe kann auch vorher geschehen, z. B. wenn der Termin zur Hauptverhandlung noch nicht angesetzt ist. Deshalb kann unter Umständen die (spätere) Ladung einer Person unterbleiben, welcher der Beschluß zugestellt wurde.

Die Einziehungsinteressenten können die Ladung von Zeugen oder Sachverständigen oder die Herbeischaffung anderer Beweismittel zur Hauptverhandlung verlangen; auch haben sie das Recht der unmittelbaren Ladung in gleicher Weise wie der Angeklagte: dies entspricht ihrer Stellung als Nebenintervenienten im Strafprozesse. Doch müssen sie die so geladenen oder sonst zur Hauptverhandlung zu stellenden Beweispersonen dem Ankläger namhaft machen,[3] damit derselbe noch Zeit zur Einziehung von Erkundigungen behält.

Ebenso muß die Staatsanwaltschaft den Intervenienten möglichst früh — d. h. soweit es ausführbar erscheint — die im Antrage benannten Beweispersonen namhaft machen, da ja der Antrag den Interessenten nicht zugestellt ist. Auch sind ihnen die auf Antrag eines anderen Interessenten und die sonst noch, sei es auf Anordnung des Vorsitzenden, sei es aus eigener Entschließung vom Staatsanwalt — resp. vom Privatkläger unmittelbar — geladenen Beweispersonen namhaft zu machen.

Auch dem Ankläger gegenüber muß diese Bekanntmachung bei den von Amtswegen durch den Vorsitzenden angeordneten Ladungen rechtzeitig erfolgen.[4]

---

[1] Daß die Bestimmungen über die Vorbereitung der Hauptverhandlung entsprechende Anwendung finden, wird betont von: Rintelen 267; Stenglein, Lehrb. 371. Dagegen: R VI, 612: „Da die Interessenten vor der Hauptverhandlung gar keinen Platz im Verfahren haben."

[2] Meves, a. a. O. 463.

[3] Unter Angabe des Wohn- oder Aufenthaltsortes der Beweispersonen.

[4] §§ 222—224 St.P.O. finden entsprechende Anwendung. Vergl. Puchelt 802.

§ 20. Die Hauptverhandlung.

„Die Verhandlung und Entscheidung erfolgt in einem Termine, auf welchen die Bestimmungen über die Hauptverhandlung entsprechende Anwendung finden.“

Dieser Termin ist eine Hauptverhandlung, nichts anderes.[1] Wenn Meves meint, eine solche könne mit Ausnahme der im Gesetze ausdrücklich bezeichneten Fälle ohne Anwesenheit eines Angeklagten nicht stattfinden, so übersieht er, daß die im Gesetze bezeichneten Ausnahmefälle (§ 230 ff. St.P.O.) lediglich das gegen einen Angeklagten gerichtete gewöhnliche Verfahren betreffen und allerdings für dies Verfahren die einzigen Ausnahmen sind. Das Wesen der Hauptverhandlung im allgemeinen besteht nur darin, daß sie die für die Urteilsfällung allein grundlegende mündliche Verhandlung der Sache ist. Da es nun zu der Hauptverhandlung im gewöhnlichen Verfahren der Zuziehung des Angeklagten bedarf, so ist der Termin im objektiven Verfahren eine ungewöhnliche Art der Hauptverhandlung, auf welche jedoch die Bestimmungen über die gewöhnliche Hauptverhandlung entsprechende Anwendung finden.

Für den Termin des objektiven Verfahrens gilt das allgemeine Prinzip der Öffentlichkeit;[2] dieselbe kann in den gleichen Fällen wie sonst beschränkt und ausgeschlossen werden.

Die Hauptverhandlung beginnt mit dem Aufruf der Sache; der Vorsitzende hat kurz zu erklären, was die Anklage bezweckt und bedeutet und muß alsdann die Zeugen und Sachverständigen aufrufen, welche das Sitzungszimmer darauf wieder verlassen. Es erfolgt der Aufruf der geladenen und die Feststellung der Anwesenheit irgend welcher Einziehungsinteressenten, alsdann die Verlesung des Eröffnungsbeschlusses. Mit diesem Zeitpunkte verlieren die Interessenten das Recht, die örtliche Unzuständigkeit zu rügen, wegen Nichteinhaltung der Ladungsfrist Aussetzung der Verhandlung zu verlangen und das Recht, einen Richter wegen Besorgnis der Befangenheit abzulehnen.[3]

Nach der Verlesung werden die erschienenen Einziehungsinter-

---

[1] Gl. M.: Dalcke 314 (zu § 478); v. Kries, Lehrb. 756; Löwe § 478, No. 1. A. M.: Meves, a. a. O. 463, Anm. 11.

[2] v. Schwarze, St.P.O. 600 (zu § 478); Bomhard und Koller 396; v. Kries, Lehrb. 756; Stenglein, Komm. § 478, No. 3.

[3] Letzteres gilt natürlich nicht nur für die Interessenten. — E XIX, 428, 429; Oppenhoff, St.G.B. § 42, No. 10, 11 ziehen die Grenze mit der Verlesung des „den Termin anberaumenden Beschlusses“; v. Kries, Lehrb. 756; Löwe § 477, No. 8 mit dem „die Verhandlung eröffnenden Vortrag der Staatsanwaltschaft resp. des Privatklägers“.

essenten, in Abwesenheit der Zeugen, vernommen, und dann erfolgt, nach den gewöhnlichen Regeln,[1] die Beweisaufnahme. Insbesondere gelten die Vorschriften über das Kreuzverhör (§ 238) und das Recht der Fragestellung für die Interessenten, resp. die Verteidiger, ebenso aber auch die Beschränkung dieser Befugnisse durch das Einschreitungsrecht des Vorsitzenden (§ 240 St.P.O.).

Die Ausschließung eines Interessenten aus dem Sitzungszimmer für die Dauer der Vernehmung eines Zeugen, auf Grund der Befürchtung, daß dieser in Gegenwart des Intervenienten die Wahrheit nicht sagen werde, ist statthaft;[2] denn das Recht der Anwesenheit steht den Interessenten nur insoweit zu, als es dem Angeklagten zustände.

Nach erfolgter Beweisaufnahme und dem Schlußvortrage des Staatsanwalts erhalten die Interessenten der Reihe nach das Wort zu ihren Ausführungen und Anträgen; sie haben auch in jedem Falle das Recht des letzten Wortes.[3] In welcher Reihenfolge die Schlußvorträge der einzelnen Interessenten, resp. Verteidiger zu erfolgen haben, ordnet der Vorsitzende an.

§ 21. Die Urteilsfindung.

Die Hauptverhandlung schließt mit der Fällung eines Urteils, welches entweder auf Einziehung — resp. Unbrauchbarmachung, Vernichtung — oder auf Zurückweisung des Antrags oder auf Einstellung des Verfahrens lautet. Die letztere findet statt, wenn es an einer Urteilsvoraussetzung, insbesondere der Stellung des Strafantrags mangelt.[4]

[1] So v. Kries, Lehrb. 756; Puchelt 802. — § 256 St.P.O. findet keine Anwendung: Es handelt sich dabei um keine Befugnis des Angeklagten, sondern nur um eine Rücksicht, die der Richter nehmen soll, ohne hierzu verpflichtet zu sein. — Über Verlesung von Schriftstücken siehe §§ 248—255 St.P.O. Aufgezeichnete Erklärungen (§ 253) derjenigen Person, welche der Thäterschaft u. s. w. verdächtig ist, sind einfach „als Beweismittel dienende Schriftstücke" im Sinne des § 248 und werden als solche verlesen.

[2] Auch die übrigen Bestimmungen des § 246 gelten für das objektive Verfahren.

[3] Puchelt 802.

[4] Auch bei der Privatklage im Falle des § 429 St.P.O. Nicht aber, wenn die Verurteilung einer Person ausführbar ist; hier findet Zurückweisung des Antrages statt. Nach Puchelt 802 kann in diesem Falle je nach Umständen der Antrag verworfen oder das Verfahren eingestellt werden. Oppenhoff, St.G.B. § 42, No. 14, sagt, das Verfahren müsse einstweilen ruhen und könne wiederaufgenommen werden, wenn nach Erledigung einer Verfolgung die Voraussetzungen des objektiven Verfahrens wieder vorliegen.

Zu der Entscheidung im objektiven Verfahren ist häufig eine Beurteilung civilrechtlicher Fragen notwendig, sowohl solcher Fragen, von welchen die Strafbarkeit der Handlung selbst abhängt (§ 261 St.P.O.), als auch solcher, welche die Zulässigkeit der Einziehung bedingen oder geeignet sind, das freie Ermessen des Richters zu beeinflussen.

Anstatt nun jene Fragen selbst zu entscheiden, kann der Strafrichter auch einem der Beteiligten eine Frist zur Erhebung der Civilklage bestimmen oder das Urteil des Civilgerichts abwarten.[1] Dies gilt nicht nur für die sein Urteil notwendig (kraft Gesetzes) bindenden Entscheidungen, sondern auch für die anderen Feststellungen bei fakultativer Einziehung: wenn er nämlich Bedenken trägt, für den Fall des Vorhandenseins eines anderweitigen bedeutenden Interesses, Unschuldige zu schädigen. Denn dann hängt nach Auffassung des Gerichts die Entscheidung über die Einziehung von der Entscheidung jener Vorfrage ab.

Die Urteilsfindung erstreckt sich auf die im Eröffnungsbeschlusse bezeichnete That, wie sie sich nach der Verhandlung darstellt.[2] Wie weit die That zu individualisieren sei, muß sich im konkreten Falle ergeben. Waren mehrere Delikte zur Wahl gestellt, so genügt die Feststellung des einen oder des anderen.

Von Wichtigkeit kann der Fall sein, daß ein Einziehungsurteil auf Grund eines anderen als des im Eröffnungsbeschlusse bezeichneten Strafgesetzes erfolgen soll. Dies kann zweifellos da ohne weiteres geschehen, wo die Anwendung eines anderen Strafgesetzes für die Einziehung gar keine Bedeutung hat: ob das Werkzeug zu einem einfachen oder einem schweren Diebstahl verwandt worden ist, verändert für die Frage der Einziehung den „rechtlichen Gesichtspunkt“ nicht, und deshalb kommt § 264 St.P.O. nicht in Betracht.

Anders aber, wenn die beiden Gesetze die Einziehung in verschiedener Weise anordnen. Dann muß den Interessenten Gelegenheit zur Wahrung ihrer Rechte gegeben werden, und es ist auf Antrag oder von Amtswegen die Hauptverhandlung auszusetzen. Das wird namentlich dann praktisch, wenn der Eröffnungsbeschluß ein Einziehungsgesetz nennt, welches keine Rücksicht auf das Eigentum Dritter nimmt, wenn aber für das Urteil auf Grund der Er-

---

[1] Puchelt 802; Voitus, Kommentar 466 (zu § 478); vergl. auch Nissen, Einziehung 100.

[2] Also, wie schon mehrfach erwähnt, eine konkrete That! Gl. M.: Stengleins Zeitschr. V, 253 ff.; v. Liszt, Preßrecht 227; R III, 565 ff. A. M.: Max Berner, ne bis in idem 21. Etwas unbestimmt drückt sich aus: Ullmann 576 und Anm. 3 daselbst.

örterungen der Hauptverhandlung der § 40 St.G.B. zur Anwendung kommen soll.

Bei der Abstimmung über das Urteil ist im gewöhnlichen Verfahren eine Mehrheit von zwei Dritteilen der Stimmen erforderlich, um eine die Schuldfrage betreffende, dem Angeklagten nachteilige Entscheidung herbeizuführen. Nun ist ja auch im objektiven Verfahren zu ergründen, ob die subjektiven und objektiven Momente einer strafbaren Handlung vorliegen, und wir müssen daher auch für diese Abstimmung das Erfordernis der Zweidrittelmehrheit aufstellen. Doch geht es nicht an, dieses Erfordernis allein auf die Frage nach dem Vorliegen des Deliktes zu beschränken; denn das Delikt ist hier nur eines unter mehreren Thatbestandsmerkmalen und bildet nicht allein die Grundlage der selbständigen Einziehung. Deshalb muß die Zweidrittelmehrheit auch dann vorhanden sein, wenn das Eigentum des Thäters — im Falle des § 40 — als festgestellt gelten soll; ferner auch dann, wenn es sich darum handelt, die Frage der Unausführbarkeit der Verfolgung u. s. w. zu bejahen.

Die Beratung des Urteils findet in geheimer Sitzung statt; die gewöhnlichen Grundsätze über die Verkündung und den Inhalt des Urteils finden entsprechende Anwendung.[1]

---

§ 22. Die Rechtsmittel.

Die Rechtsmittel gegen das Einziehungsurteil stehen der Staatsanwaltschaft,[2] dem Privatkläger und den Einziehungsinteressenten[3] zu.

Es ist bereits im § 10 dieser Arbeit erörtert worden, daß die Zustellung als Beginn der Rechtsmittelfrist für einen Einziehungs-Interessenten nur dann gilt, wenn das Urteil diesem Interessenten

---

[1] Ist bei fakultativer Einziehung, obgleich rechtlich der Einziehung nichts entgegenstand, auf Zurückweisung des Antrages erkannt worden, so sind die Gründe, die hierfür maßgebend waren, in Kürze anzuführen.

[2] Dieser auch, wenn ein Privatkläger den Antrag gestellt hat (Puchelt 804); ebenso zu Gunsten der passiven Partei. Für die Zurücknahme eines solchen Rechtsmittels gilt § 344 St.P.O. Die Zurücknahme muß bekannt gemacht werden; haben die Interessenten innerhalb der Rechtsmittelfrist Widerspruch erhoben, so gilt die Zurücknahme als nicht erfolgt.

[3] Auch deren Verteidiger mit der Beschränkung des § 339. — § 340 findet keine Anwendung (siehe § 15 dieser Arbeit in fine). Daß der gesetzliche Vertreter eines Interessenten, und nur dieser, Rechtsmittel einlegen kann, ergiebt sich aus früheren Betrachtungen (vergl. S. 32, Anm. 1 und § 15 in fine).

zugestellt werden muß. Es handelt sich deshalb hier nur noch um die Beantwortung der Frage, wann diese Pflicht der Zustellung bestehe.

Der Einziehungsinteressent hat die Befugnisse des Angeklagten, also nicht nur die Befugnis, ein Rechtsmittel einzulegen, sondern die Befugnis, dies innerhalb der Zeit zu thun, welche dem Angeklagten in dem entsprechenden Falle zu Gebote stände.

Eine Pflicht des Gerichtes aber, durch aktives Handeln den Interessenten einen Gebrauch ihres Rechtes zu ermöglichen, scheint mir in diesem Stadium des Verfahrens nur dann vorzuliegen, wenn es sich um Interessenten handelt, die dem Prozesse schon vorher beigetreten[1] sind (wofern nicht festgestellt wird, daß sie aufgehört haben, Interessenten im materiellen Sinne zu sein). Es geht nicht an, hier die „Ladung" zur Analogie herbeizuziehen. Diese begründet kein Recht, sondern enthält nur die Aufforderung, von einem solchen Gebrauch zu machen. Darum ist auch die Pflicht zeitlich und in Bezug auf den Kreis der Personen beschränkt. Wollte man das Prinzip der Ladung auf die Zustellung des Urteils übertragen, so daß also nur in den Fällen zugestellt werden müßte, in denen dies ausführbar erschiene, so kämen wir zu dem höchst unbefriedigenden Resultate, daß auch die Intervenienten auf eine Zustellung nicht bestimmt rechnen könnten. Ferner könnte die Vollstreckung des Urteils in höchst lästiger Weise dadurch gehemmt werden, daß Rechtsmittel verspätet mit der Behauptung eingelegt würden, die Frist habe wegen Unterlassung der Zustellung noch nicht begonnen.

Eine Zustellung des Urteiles muß also nur dann erfolgen, wenn der Interessent vor der Verkündung dem Verfahren beigetreten ist. Theoretisch müßte man wohl noch hinzusetzen: „oder innerhalb der von der Verkündung laufenden Frist"; allein in praxi erfolgt ein Beitritt in diesem Zeitraume, wenn er erfolgt, naturgemäß gerade durch die Einlegung des Rechtsmittels.

Entsprechende Grundsätze wie die soeben erörterten sind auch

---

[1] v. Kries, Lehrb. 757; Ullmann 576; R VII, 52 ff.; Löwe § 478, No. 5; v. Liszt, Preßrecht 230; Daude 237; Puchelt 804 nennen die Interessenten, welche formell an dem Verfahren beteiligt waren, d. h. die geladen oder sonst zugelassen waren oder sich wenigstens gemeldet hatten. — Dorendorf 307; Bomhard und Koller 347; Jastrow in G.A. XXXIII, 57 sagen, das Urteil sei den Nichterschienenen zuzustellen; sie meinen damit offenbar diejenigen, welche geladen, aber nicht erschienen waren. So auch Stenglein, Komm. § 478, No. 3. — Das Urteil ist den betreffenden Interessenten übrigens auch zuzustellen, wenn sie bei der Urteilsverkündung durch einen Verteidiger vertreten waren. Gl. M.: Löwe § 478, No. 5; Keller, 607, 440. A. M.: v. Kries, Lehrb. 757.

auf das Rechtsmittelverfahren selbst anzuwenden. Haben die Interessenten Rechtsmittel eingelegt, so ergeben sich zwei Parteien und ein fest bestimmter Kreis von Personen auf beiden Seiten. Einen Anschluß von Interessenten an das von einem anderen eingelegte Rechtsmittel giebt es nicht. Wohl aber werden die von verschiedenen Intervenienten eingelegten Rechtsmittel in einem Termine verhandelt.

Hat der Staatsanwalt oder der Privatkläger die Berufung oder Revision eingelegt, so werden als „Gegner“, überall wo Handlungen der anderen Partei in Betracht kommen — also Zustellungen, Bekanntmachungen an die Interessenten u. s. w. — nur diejenigen berücksichtigt, die bis dahin interveniert haben.[1]

Hiernach ergiebt sich die analoge Anwendung der Bestimmungen über Berufung und Revision auf das objektive Verfahren von selbst.

Auch eine Wiederaufnahme des objektiven Verfahrens kann nach eingetretener Rechtskraft des Urteils stattfinden,[2] und zwar ebensowohl zu Gunsten der Interessenten wie zu deren Ungunsten.

---

§ 23. Die Rechtskraft des Urteils.

I. Der Inhalt des Urteils ist bestimmend für die Frage, inwieweit die Rechtskraft desselben eine prozessuale Konsumtion, die Anwendbarkeit des Prinzips „ne bis in idem“ bewirke.[3]

1. Wird in dem Urteile auf Einziehung, Unbrauchbarmachung oder Vernichtung von Gegenständen erkannt, so steht damit fest:

> Die selbständige Einziehung ist erkannt auf Grund eines Deliktes (mehrerer Delikte, eines oder des anderen Deliktes) und auf Grund der sonstigen Thatbestandsmerkmale. . . .

---

[1] Ähnlich: Puchelt 804; Keller 607.

[2] Vergl. Nissen, Einziehung 100; Max Berner, ne bis in idem 21.

[3] Inwieweit ein früher im Regelverfahren ergangenes Urteil dem objektiven Verfahren entgegensteht, ergiebt sich aus den Grundsätzen über die Subsidiarität. Wenn in jenem Urteile auf Einziehung — d. h. als Nebenfolge — erkannt werden konnte oder über dieselbe entschieden worden ist, so ist objektives Verfahren auf Grund derselben That ausgeschlossen. — E XIV, 169; Löwe zu Buch II, Abschn. 1, No. 31 a β unterscheiden hier, je nachdem die Einziehung im Regelverfahren eine Strafe oder nur eine Präventivmaßregel war und lassen in ersterem Falle das „ne bis in idem“ gelten, im letzteren nicht. Olshausen § 42, No. 12 und v. Liszt, Preßrecht 216, 217 lassen das objektive Verfahren nur, soweit es Unbrauchbarmachung bezweckt, nach vorausgehender Freisprechung zu. — Falsch auch R III, 566.

Die Klage wegen des Deliktes ist also damit nicht konsumiert, sondern nur die Klage auf Einziehung. Wird nachträglich die Verfolgung etc. einer bestimmten Person wegen desselben Deliktes ausführbar, so steht der Strafklage nicht etwa das rechtskräftige Einziehungsurteil entgegen; doch ist in dem neuen (Straf-) Urteil nicht noch einmal über die Einziehung zu erkennen.[1]

2. Weniger einfach liegt das Verhältnis, wenn durch das Urteil der Einziehungsantrag zurückgewiesen wurde.

Der große Unterschied zwischen dem die Einziehung aussprechenden und dem abweisenden Urteil besteht darin, daß dort unbedingt das Delikt vorliegen muß, damit verurteilt werde, hier aber das Delikt als vollkommen vorhanden erkannt sein kann, ohne daß deshalb die Freisprechung ausgeschlossen wäre. Erfolgt in einem solchen Falle fakultativer Konfiskation die Zurückweisung des Antrages, so ist nichts anderes festgestellt, als daß eine Einziehung auf Grund des vorliegenden Thatbestandes nicht stattfinde. Es darf daher die Frage der selbständigen Einziehung[2] auf Grund dieses Thatbestandes nach Rechtskraft der Entscheidung nicht mehr abgeurteilt werden; wohl aber kann dies mit anderen Fragen geschehen, die das Delikt betreffen, und die Strafklage gegen eine bestimmte Person ist selbst dann zulässig, wenn das Urteil im objektiven Verfahren eine strafbare Handlung oder eine strafbare Handlung dieser Person als nicht festgestellt betrachtet und dies in den Gründen ausdrücklich zu erkennen giebt. Wird in diesem Verfahren der Angeklagte verurteilt, so kann nun wieder auf Einziehung erkannt werden;[3] denn das objektive Verfahren hatte zur Grundlage nicht nur die That, sondern auch das beschränkende Thatbestandsmerkmal der Nichtausführbarkeit u. s. w.: dieses fällt nun weg, so daß ein idem nicht vorliegt.

All dies müssen wir aber in gleicher Weise für die obligatorische Einziehung gelten lassen, da es sinngemäßer ist, die den beiden Fällen gemeinsamen Momente als Prinzip aufzustellen, als die beiden Fälle zu trennen. Der allgemeine Grundsatz lautet dann:

Das ablehnende Urteil im objektiven Verfahren bedeutet nur, daß

---

[1] Auf Einziehung derselben Sachen kann überhaupt nicht mehr erkannt werden. Vergl. § 13 sub I letzter Abs. (dieser Arbeit).

[2] Gl. M.: v. Liszt, Preßrecht 217; Max Berner, a. a. O. 22.

[3] Richtig: H. Seuffert in v. Stengels Wörterbuch I, 320, Spalte 1. — v. Schwarze, St.G.B. § 42, No. 6 spricht von Wiederaufnahme des Verfahrens, wenn später gegen eine bestimmte Person prozessiert wird. — Vergl. auch: Max Berner, a. a. O. 22; John in der allg. deutschen Strafrechtszeitung XII, 69, 70.

eine selbständige Einziehung auf Grund des Deliktes und der anderen Thatbestandsmerkmale nicht stattfinde.[1]

II. Durch die Rechtskraft des Einziehungsurteils — sei es im objektiven, sei es im Regelverfahren — wird der Staat Eigentümer[2] der durch das Urteil betroffenen Gegenstände.

Der Eigentumserwerb ist ein originärer: dies ist deutlich in den Fällen, in welchen das materielle Gesetz ohne Rücksicht auf das Eigentum einer bestimmten Person die Einziehung anordnet; scheinbar unzutreffend aber im Falle des § 40 St.G.B.

Der Richter darf bei Anwendung des § 40, resp. § 42 in Verbindung mit § 40, die Einziehung dann nicht aussprechen, wenn weder der Thäter, noch ein Teilnehmer zur Zeit der Urteilsfällung Eigentümer der Sache ist. Er verletzt das Gesetz, wenn er es dennoch thut. Wird aber sein Urteil rechtskräftig, so hat der Staat trotzdem das Eigentum erworben. Denn von der strafrechtlichen Frage, ob nur dem Schuldigen die Sache entzogen werden solle, ist unabhängig die civilrechtliche Frage, ob nur von dem Schuldigen der Staat durch das Einziehungsurteil Eigentum erwerben könne. Das Eigentum des Thäters u. s. w. bildet eine Voraussetzung des Urteils, d. h. seiner Entstehung, nicht aber seiner Wirkung.

Wäre der Eigentumserwerb abhängig von dem Eigentume des Schuldigen, so müßte — da erst mit der Rechtskraft des Urteils das Eigentum übergehen kann — auch zur Zeit der Rechtskraft das Eigentum des Schuldigen bestehen, was aus dem Gesetze sicherlich nicht hervorgeht und meiner Ansicht nach sogar dem Sinne desselben widerspricht.[3]

---

[1] Es werden durch das Strafurteil keine civilrechtlichen Ansprüche zugesprochen, obgleich die Anerkennung solcher Ansprüche dem Urteile zu Grunde liegen kann. Gl. M.: Ullmann 576; Puchelt 802 (zu § 478); Nissen, Einziehung 99.

[2] Der Staat wird auch dann Eigentümer, wenn er z. B. im Falle des § 41 die unbrauchbar gemachten Gegenstände, soweit dies thunlich ist, zurückgeben muß. In diesen und allen ähnlichen Fällen erwirbt der Staat das Eigentum mit der Verpflichtung der Zurückgabe oder einer anderen Leistung (je nach den landesgesetzlichen Vorschriften). Dies ist bestritten: vergl. vor allem Seuffert in v. Stengels Wörterbuch I, 317, Spalte 2 und Mandry, Civilrechtl. Inhalt der Reichsges., Freiburg 1885, S. 314. Ferner für unsere Ansicht: Nissen 97; Jastrow in G.A. XXXIII, 57; Köbner 23, 24.

[3] Hört der Schuldige nach der Fällung des Urteils auf Eigentümer zu sein, so ist es möglich, daß die Maßregel, die als Strafe erkannt wurde und nur als solche erkannt werden durfte, nicht mehr als Strafe die Rechtskraft beschreitet. Ich hielte es für falsch, hier so zu deduzieren: Der Verlust des Eigentums bedeute dasselbe, wie bei sonstigen Strafen etwa der Tod des Angeklagten; das Strafurteil könne nicht in Rechtskraft erwachsen, wenn die schuldige Person von der Strafe nicht mehr betroffen werden könne. — Es ist

Das St.G.B. enthält in seinen Bestimmungen über die Einziehung zugleich eine Norm des Civilrechts, nämlich einen neuen Erwerbsgrund originären Eigentums, eine Norm also, die, als Reichsrecht, allen Partikularrechten vorgeht. Warum es einen Unterschied begründen soll, ob die einzuziehende Sache beschlagnahmt sei oder nicht, so daß im ersteren Falle Eigentum, im letzteren nur ein Forderungsrecht des Staates entstehe,[1] vermag ich nicht zu begreifen. Wenn das Urteil — dem Gesetze entsprechend — verfügt, ein Gegenstand werde eingezogen, so kann dies nur so viel bedeuten, daß der Staat sein dingliches Recht, d. h. sein Eigentum an der Sache, für begründet erklärt. „Einziehen" heißt: „für eingezogen erklären", d. h. für sein Eigentum erklären; allenfalls auch: „auf Grund dieser Erklärung in Besitz nehmen", d. h. die Einziehung vollstrecken. Eine andere Auslegung aber läßt sich nicht begründen.

Auch sonst wird es sich, soweit dies nicht schon aus der rechtlichen Natur der Einziehung erhellt, weiterhin noch zeigen, wie verfehlt es sei, ein persönliches Recht als Folge des Einziehungsurteils anzunehmen.

Da das Strafurteil ius facit inter omnes, wird durch die rechtskräftig erkannte Einziehung das Recht des bisherigen Eigentümers beseitigt. Ob derselbe einen Anspruch auf Entschädigung habe, und ferner, ob dingliche Rechte an der Sache durch die Einziehung berührt werden oder nicht, ist nach dem Civilrechte zu entscheiden. Läßt sich nach den positiven Bestimmungen desselben die Frage nicht beantworten, so wird man die folgenden, allgemeinen Grundsätze aufstellen können:

1. Die Einziehung ist eine Art der Enteignung; aber eine solche, die nicht durch ein Unternehmen des Enteignenden, sondern durch die Handlung einer anderen Person veranlaßt wird. Die Enteignung, sonst meist Mittel zum Zweck, ist hier selbst Zweck

---

etwas anderes, ob eine Person bestraft werden oder ob eine Maßregel vorgenommen werden soll, deren Anordnung nur dann statthaft ist, wenn sie zur Zeit eine Strafe für die Person wäre. — Über die Wirkungen einer nach der Urteilsfällung geschehenen Veräußerung der Sache durch den Eigentümer (Fragen, die hier nicht erörtert werden können) vergl. Nissen, a. a. O. 100; Kohler, Patentrecht 590—593; H. Seuffert in v. Stengels Wörterbuch I, 316. Sp. 1 und 2; Heinze in G.A. V, 180, 181; R IX, 11.

[1] So: Oppenhoff, St.G.B. § 40, No. 16. Unbestimmt: Rüdorff-Stenglein § 40, No. 7 und R IX, 12. Unserer Meinung: Meves, a. a. O. 460; Ullmann 576; Binding, Grundr. St.R. 174; Keller 605; Kohler, Patentrecht 575; H. Seuffert, a. a. O. 316, Sp. 1; Hugo Meyer 356; Köbner 59, 60; Heinze in G.A. V, 178, 179; Mandry, Civilrechtl. Inh. des Reichsges. 316; auch das sächs. bürgerl. Gesetzb. betont ausdrücklich den Eigentumsübergang mit Rechtskraft des Urteils (§ 258).

und veranlaßt durch ein Ereignis, das gegen den Willen des Exproprianten eingetreten ist. Wenn deshalb auch im ersteren Falle der Grundsatz besteht, daß der enteignende Staat eine Entschädigung leisten muß, so kann doch niemals hieraus eine Analogie für die Einziehung entnommen werden. Ist auch der Wille des Staates formell der die Einziehung begründende, so erscheint als die eigentliche Ursache doch der Wille des Schuldigen, und nur der Schuldige ist ersatzpflichtig — wofern er nicht selbst der Expropriat ist.[1]

Auch erscheint die Frage der Entschädigung bei der Einziehung in ganz anderem Lichte als bei der gewöhnlichen Expropriation, wenn wir bedenken, daß der Staat nicht deshalb die Sache einzieht, weil er sie zu besitzen wünscht, sondern weil er im Interesse des öffentlichen Wohles wünscht, daß andere sie nicht besitzen.

2. Die iura in re aliena gehen unter, wenn die Sache selbst untergeht oder wesentlich umgestaltet wird, also namentlich, wenn sie vernichtet oder unbrauchbar gemacht wird. In allen anderen Fällen muß man sagen, daß durch die Einziehung zum mindesten die Ausübung[2] jener Rechte gehemmt wird, soweit eine solche mit dem Zwecke der Maßregel in Widerspruch stände. Ist also auf Grund des § 295 St.G.B. ein Jagdgewehr eingezogen worden, so kann auch ein Gebrauchsrecht an demselben nicht geltend gemacht werden. Doch ist es denkbar, daß auf Grund des (landesgesetzlich zu bestimmenden) weiteren Verfahrens mit dem Einziehungsgegenstande auch die Ausübung jenes Rechtes wieder ermöglicht werde.

---

§ 24. Die Vollstreckung der Einziehung.

I. Wenn man behauptet: „auch in Strafsachen gelte der Grundsatz, daß ein Urteil nur gegen denjenigen vollstreckt werden könne, gegen den es ergangen und in Rechtskraft erwachsen sei“,[3] so gilt

---

[1] Ähnlich: Mandry, a. a. O. 317.

[2] Dadurch, daß das bisherige Eigentum an der Sache aufhört (denn wie wir gesehen haben, ist das Eigentum des Staates ein neues, originäres), geht das ius in re aliena nicht ohne weiteres unter. Vergleiche speziell für die Dienstbarkeiten Windscheid (Pandekten 1887) 740, Anm. 1 u. 3, 686, Anm. 3. Mandry, a. a. O. 317, meint, abgesehen vom Falle des § 40 müßten unter denselben Voraussetzungen wie das Eigentum eines Dritten auch die iura in re aliena untergehen.

[3] Daß dieser Grundsatz für das Einziehungsurteil gelte, behaupten: Löwe zu § 477—479, No. 1 A a α; R IV, 79; Oppenhoff, Rechtsprechung des Ober-

dieser Grundsatz allerdings in den meisten Fällen, und zwar immer da, wo es sich um Maßregeln handelt, die ihrer ursprünglichen Natur nach Strafen sind. Warum aber? — Weil die Todesstrafe, die Freiheitsstrafe, die Geldstrafe überhaupt nur dann einen Sinn haben, wenn sie bestimmte Personen treffen; weil die Rechtsgüter, die sie verletzen, ohne Beziehung auf eine bestimmte Person abstracta sind, auf die ein Angriff gänzlich unmöglich ist (nämlich: „Leben", „Freiheit", „Vermögen" als allgemeine Begriffe), während die Einziehung eine Sache, welche der Mittelpunkt vieler Interessen sein kann, ergreift und dadurch diese Interessen selbst verletzt. Wenn nun das materielle Gesetz für die Verhängung der Einziehung den Schutz gewisser Interessen anordnet, die Berücksichtigung anderer nicht verlangt oder nicht duldet; wenn das prozessuale Gesetz — sei es nun für jedes Einziehungsverfahren oder, wie wir annehmen, nur für das objektive Verfahren — den Interessenten die Möglichkeit giebt, ihr Recht zu verteidigen; und wenu endlich nach Beobachtung dieser Vorschriften das Urteil auf Einziehung ergangen ist — ist es denn deshalb nur gegen die Personen ergangen, die prozessualisch beteiligt waren? Wenn dies der Fall wäre, so ließe sich doch die bloß fakultative Zuziehung der Interessenten und die Verhandlung der Sache ohne jede Rücksicht auf die nicht erschienenen in keiner Weise erklären.[1] Bei der Einziehung giebt es doch keinen Unterschied, ob sie dieser oder jener Person gegenüber vollstreckt wird: sie wird vollstreckt, d. h. der Staat nimmt die Sache an sich, und damit sind alle Personen, die ein Interesse an der Sache haben, nach Maßgabe dieses Interesses geschädigt. Kann also in concreto die Einziehung nur bestimmten Personen gegenüber, d. h. zum Nachteil bestimmter Personen, vollstreckt werden, zum Nachteil anderer aber nicht, so kann sie überhaupt nicht vollstreckt werden, d. h. sie muß, um vollstreckt werden zu können, allen Personen gegenüber ausgesprochen sein, die ein Interesse haben. Es müßten also alle Interessenten formell an dem Verfahren beteiligt sein, ein Grundsatz, der geradezu dem Gesetze widerspricht.[2]

---

tribunals XIV, 793 ff.: XVI, 192, 193; Meves in H.H. II, 460; H. Seuffert, a. a. O. I, 315, Sp. 2; Oppenhoff, St.G.B. § 40, No. 17; Jastrow in G.A. XXXIII, 54; Stenglein, Lehrb. 372; Komm. § 479, No. 4. A. M.: Bozi in G.A. XXIX, 414 ff. (bes. 418); v. Kries, Lehrb. 758, 759; Rechtsm. 26.

[1] Vergl. v. Kries, Rechtsmittel 27; Lehrb. 759.

[2] Über das Regelverfahren vergl. die Ausführungen im vorigen Paragraphen sub II. Durch die Rechtskraft des Urteiles hat auch im Regelverfahren die Einziehung ihren Charakter als sachliche Maßregel vollkommen wieder gewonnen. Sie wird durch eine Begnadigung des Verurteilten nicht ohne weiteres erlassen, sie unterliegt nicht der Vollstreckungsverjährung wie die Hauptstrafe (so:

II. Die Vollstreckung der Einziehung erfolgt nach den Vorschriften über die civilprozessualische Zwangsvollstreckung.[1] Obgleich der § 495 St.P.O. nur von „Vermögensstrafen" redet, so ist doch hiermit nach dem Willen des Gesetzgebers auch die Einziehung gemeint, zumal da dieselbe im St.G.B. unter den „Strafen" aufgezählt ist.[2]

Man hat behauptet, die Einziehung bedürfe keiner Vollstreckung:[3] mit dem Eigentumserwerb des Staates sei die Maßregel vollstreckt, und der nunmehr bestehende privatrechtliche Anspruch desselben müsse im Civilprozesse geltend gemacht werden. Das ist falsch; denn gerade die Besitzergreifung — oder besser die Verhinderung fremden Besitzes — ist das Ziel des Strafverfahrens. Der Sinn der strafrechtlichen Maßregel ist nicht der, daß der Staat ein Vermögensrecht erwerbe, sondern daß er eine Sache dem Privatgebrauche entziehe und, um dies zu erreichen, sich selbst zum unbeschränkten Herrscher über den Gegenstand mache. Das erstere aber müßte man annehmen, wenn mit dem Erwerb des Vermögensrechtes die Thätigkeit der Strafjustiz beendet wäre.

Köbner 50; Nissen, a. a. O. 91. A. M.: Olshausen § 70, No. 4 d; Oppenhoff, St.G.B. § 71, No. 2; H. Seuffert, a. a. O. I, 320, Spalte 1, welch letzterer die §§ 36 und 38 St.G.B. zur Analogie herbeizieht. Allerdings nehmen diese Paragraphen nur die Aberkennung der bürgerlichen Ehrenrechte und die Polizeiaufsicht von der Vollstreckungsverjährung aus; allein sie haben in erster Linie nur den Zweck, die Berechnung der Zeitdauer dieser Strafen festzustellen, und erst daraus ergiebt sich der Ausschluß einer Verjährung. Bestimmungen über die Unverjährbarkeit anderer Deliktsfolgen hätten hier gar keinen Raum). — So gilt auch für die Vollstreckung der im Regelverfahren erkannten Einziehung dasselbe wie für die im objektiven Verfahren erkannte.

[1] Gl. M.: Meves in H.H. II, 491; Puchelt 799, 833; Bomhard und Koller 359; Keller 626; Dalcke und Genzmer, Handb. der Strafvollstr. u. s. w. in Preußen, Berlin 1889, S. 96: Dochow 336; Hugo Meyer 356; Stenglein, Lehrb. 423; Komm. § 495, No. 1; Oppenh., St.G.B. § 40, No. 18; E XXI, 55; Dresden II, 198 ff.; Rüdorff-Stenglein § 40, No. 4; Löwe § 495, No. 1; Bozi in G.A. XXIX, 418; v. Kries, Lehrb. 769, Anm. 2; Oppenhoff, Rechtspr. des Obertribunals I, 403; VI, 525; Rintelen, 357; v. Schwarze, St.P.O. 610; Olshausen, § 40, No. 2. — Nissen, a. a. O. 95, 96, überläßt die Vollstreckung der Verwaltungsbehörde. — Jastrow in G.A. XXXIII, 52 ff. (auch 29 ff.); H. Seuffert, a. a. O. 315, Sp. 2; 316, Sp. 1 nehmen die Bestimmungen der St.P.O. über die Beschlagnahme zu Hilfe. Es ist dies ein Notbehelf, eine gekünstelte Auslegung, nicht, wie Seuffert a. a. O. meint, eine „Notwendigkeit, da § 94 ff. St.P.O. die speziellere Bestimmung sei und den § 495 ausschließe". Bei den Bestimmungen über die Beschlagnahme hat der Gesetzgeber an vorläufige Maßregeln, nicht an Vollstreckungshandlungen gedacht. Bei unserer Auffassung bedürfen wir jenes Notbehelfes nicht.

[2] Vergl. Bozi in G.A. XXIX, 418; v. Kries, Lehrb. 769, Anm. 2.

[3] So: Köbner, a. a. O. 60, 61; Kohler, Patentrecht 575; Heinze in G.A. V, 178.

Der § 495 St.P.O. hat einen lebhaften Streit darüber hervorgerufen, ob es sich bei der civilprozessualischen Zwangsvollstreckung im Strafprozeß nur um eine Anwendung derjenigen Vorschriften handle, welche die Art und Weise der Vollstreckung betreffen, oder ob auch die Voraussetzungen der civilprozessualischen Zwangsvollstreckung bei den Vermögensstrafen vorliegen müssen.[1]

Es ist unmöglich, daß wir hier diese weitumfassende Frage ausführlich erörtern, deren vollständige Lösung nur durch eine allgemeinere Betrachtung sich ergeben kann.

Welche Stellung wir in dem Streite einzunehmen haben, ist nach den vorausgehenden Ausführungen über die Wirkung der Rechtskraft des Einziehungsurteils nicht wohl zweifelhaft. Das Einziehungsurteil schafft Recht für alle, und bei der Vollstreckung giebt es keine Parteien wie im Civilprozesse. Auf dem Prinzip des Parteiprozesses aber beruhen die wesentlichen Vorschriften über die civilprozessuale Zwangsvollstreckung. Dies beweisen am deutlichsten der § 671 C.P.O. sowie die Vorschriften über die vorläufige Vollstreckbarkeit.

Es geht vor allem nicht an, die allgemeinen Bestimmungen der St.P.O. über die Voraussetzungen der Strafvollstreckung einfach außer acht zu lassen. Denn der § 495 will dieselben nicht ausschließen, sondern nur ergänzen. Daraus ergiebt sich:

1. Die Vollstreckung der Einziehung kann nur auf Grund rechtskräftigen Urteils erfolgen.

2. Die Vollstreckung wird durch die Staatsanwaltschaft resp. den Amtsrichter gemäß § 483 St.P.O. betrieben.

3. Einwendungen gegen die Zulässigkeit der Strafvollstreckung hat das Gericht erster Instanz zu entscheiden[2] (§§ 490 und 494 St.P.O.).

Die Vollstreckung geht nun folgendermaßen vor sich: Der Gerichtsschreiber hat eine beglaubigte Abschrift der Urteilsformel anzufertigen und dieselbe mit der Vollstreckbarkeitsbescheinigung zu versehen. Diese Abschrift wird alsdann von dem Staatsanwalt resp. dem Amtsrichter dem Gerichtsvollzieher mit dem (schriftlichen oder mündlichen) Auftrage übergeben, die einzuziehenden Sachen dem

---

[1] Erstere Ansicht vertreten: Löwe § 495, No. 3; v. Kries, Lehrb. 768, 769; Oppenhoff, St.G.B. § 40, No. 16; Binding, Grundriß St.P. 228, 229. Für die zweite Ansicht erklären sich: Reichsgerichtl. Entsch. in Civilsachen I, 233; Keller 626; Stenglein, Lehrb. 423; im wesentlichen auch Jastrow in G.A. XXXIII, 29 ff.

[2] Über die Frage, was unter diesem Gericht zu verstehen sei, vergl. Löwe § 494, No. 1.

Besitzer[1] fortzunehmen und der Vollstreckungsbehörde abzuliefern. Der Gerichtsvollzieher ist zu allen Maßregeln befugt, die ihm bei der gewöhnlichen Zwangsvollstreckung zustehen. Dabei ist unter dem Schuldner regelmäßig der Inhaber der Sache zu verstehen, resp. derjenige, von dem vermutet wird, daß er Inhaber sei. Von einer solchen Person kann auch gemäß § 769 C.P.O. der Offenbarungseid verlangt werden.

Einwendungen gegen die Art und Weise der Vollstreckung u. s. w. sind bei dem Vollstreckungsgerichte, d. h. dem Amtsgerichte der Zwangsbereitschaft, anzubringen und von diesem zu entscheiden (vergl. § 685 C.P.O.).

Einwendungen gegen die Zulässigkeit der Vollstreckung sind — wie schon erwähnt — bei dem Strafgerichte erster Instanz anzubringen. Hierzu gehört z. B. der Einwand, das Urteil sei nicht rechtskräftig, weil die Zustellung an einen Intervenienten versäumt worden sei; ferner der Einwand, daß die weggenommene Sache gar nicht zu den von dem Urteil betroffenen Gegenständen gehöre. Dies namentlich dann, wenn die Fassung des Urteils eine allgemeine ist und die Einziehungsgegenstände nicht genau individualisiert sind.[2] Endlich kann auch die Behauptung eines Besitzers, daß er nicht zu den im § 41 Abs. 2 St.G.B. genannten Personen gehöre, hierher gerechnet werden.

Einwendungen, „welche den durch das Urteil festgestellten Anspruch selbst betreffen" (§ 686 C.P.O.), können nicht geltend gemacht werden. Einwendungen im Sinne dieses Paragraphen giebt es im Strafprozesse nicht; sie setzen die civiprozessualischen Grundsätze des Parteibetriebs voraus.

Die Exekutionsintervention des § 690 C.P.O. kann bei der Vollstreckung der Einziehung keine Anwendung finden.[3] Denn erstens giebt es, wie wir gesehen haben, ein die Einziehung hinderndes Recht in der Vollstreckungsinstanz nicht mehr, und zweitens kommt ein „Dritter" im Sinne der C.P.O. gar nicht in Betracht, oder — was dasselbe bedeutet — alle Personen, gegen welche die Einziehung vollstreckt wird, sind „Dritte".

---

[1] Bei Anwendung des § 41 St.G.B. nur dann, wenn der Besitzer einer der im Abs. 2 daselbst genannten Personen ist. Hier handelt es sich natürlich um Besitz zur Zeit der Vollstreckung, nicht etwa der Urteilsfällung; denn der Besitz ist kein Recht, das eine Urteilsvoraussetzung bildet (wie das Eigentum im § 40), sondern eine Thatsache, die als Voraussetzung der Vollstreckung erscheint.

[2] Vergl. Bozi in G.A. XXIX, 419.

[3] Will jemand im Falle des § 40 St.G.B. noch nach Rechtskraft des Urteiles einwenden, daß er und nicht der Schuldige Eigentümer der Sache sei, so bleibt ihm das Recht auf Wiederaufnahme des Verfahrens, wenn im übrigen die Voraussetzungen des § 399, Ziffer 5 St.P.O. vorliegen.

Über das weitere Schicksal der konfiszierten Gegenstände nach der Einziehung entscheidet das Landesrecht.[1] Wo reichsgesetzlich die Unbrauchbarmachung oder Vernichtung angeordnet ist, handelt es sich um eine qualifizierte Einziehung, d. h. um eine Einziehung mit Hinzufügung besonderer Vollstreckungsregeln.

---

§ 25. Die Kosten des objektiven Verfahrens.

Das Urteil hat darüber zu entscheiden, wer die Kosten des objektiven Verfahrens zu tragen habe[2] (§ 496 St.P.O.).

Die Pflicht der Kostentragung hat nach der St.P.O. der zu einer Strafe verurteilte Angeklagte, in Ermangelung eines solchen der Staat.

Da das Delikt den Anlaß zu dem ganzen Strafverfahren gegeben hat, so ist der rechtskräftig verurteilte Delinquent verpflichtet, dem Staate seine Auslagen[3] zu ersetzen: Hierin liegt für ihn ein accessorisches Übel. Ist aber — wie im objektiven Verfahren — niemand zu einer Strafe verurteilt, so kann auch niemanden dieses Übel treffen.[4]

Nun ist es aber sowohl im Civil- wie im Strafprozesse möglich, daß die Kosten einzelner Thätigkeiten des Gerichts denjenigen Personen auferlegt werden, welche diese Thätigkeiten veranlaßt haben. Vergl. §§ 96, 97 C.P.O., § 145 St.P.O. u. a.

Wie es sich in dieser Beziehung mit den Einziehungsinteressenten verhalten solle, ist in der St.P.O. nicht geregelt. Was nun

---

[1] Nissen, Einziehung 95; Rintelen 357; Oppenhoff, St.G.B. § 40, No. 19; Rüdorff-Stenglein, § 40, Nr. 10. Vergl. über das Verfahren mit den eingezogenen Gegenständen in Preußen: Dalcke und Genzmer, Handb. der Strafvollstr. u. s. w. S. 97 ff.

[2] Ullmann 576; Puchelt 802, 836.

[3] Gleichgültig, ob dieselben als „Auslagen" im Sinne der St.P.O. oder als Gebühren erscheinen.

[4] Für das Prinzip, daß die Staatskasse die Kosten des objektiven Verfahrens in erster Instanz zu tragen habe, sind: Rintelen 267; Löwe § 478, No. 6; Stenglein, Lehrb. 426; Komm. § 478, No. 6; E XXII, 353, 354; R VII, 298, 299; R X, 132. — Die Motive zu § 75 des Gerichtskostenges., resp. zu § 67 des Entwurfes, sprechen von den Fällen, in denen „einem der Beschlagnahmeinteressenten die Kosten eines Rechtsmittels (§ 505) oder auch Kosten erster Instanz auferlegt werden". Die Motive hätten gut gethan, ein Beispiel anzuführen. Es scheint jedoch, daß es sich hier nur um eine flüchtige Bemerkung handelt, welcher die Bedeutung einer wissenschaftlich begründeten Ansicht nicht beigelegt werden kann.

hier die Analogie der C.P.O. (§ 96) betrifft, so muß man beachten, daß im objektiven Verfahren nicht im gleichen Sinne von den „durch die Nebenintervention verursachten Kosten“ die Rede sein kann, da hier die Nebenintervention viel mehr einen wesentlichen Bestandteil des Verfahrens bildet: das Gesetz wünscht die Nebenintervention und erleichtert sie geradezu durch die Pflicht der Ladung. Außerdem dürfen wir das Gesetz nicht ändern: die St.P.O. legt dem Angeklagten alle Gerichtskosten auf, soweit sie nicht in besonderen Bestimmungen für einzelne Teile des Verfahrens eine Ausnahme statuiert; selbst durch die Schuld eines Dritten entstandene Kosten muß der Angeklagte tragen. Angenommen also, es gäbe auch im gewöhnlichen Strafprozeß, in den eine Einziehung betreffenden Fällen, eine Nebenintervention, so würde der zu Strafe verurteilte Angeklagte auch die durch die Intervention entstandenen Kosten zu tragen haben; würde er nicht zu Strafe verurteilt, so hätte sie der Staat zu tragen. Dieses letztere gilt daher im objektiven Verfahren für alle Fälle.

Die Auslagen des Intervenienten selbst sind auch von ihm selbst zu tragen. Es ist unmöglich, daß dieselben nach Analogie des § 499 Abs. 2 St.P.O. der Staatskasse auferlegt werden,[1] so unbillig diese Konsequenz auch erscheinen muß. Denn „notwendige Auslagen“ können auch den Interessenten erwachsen, obgleich sie nie gezwungen sind, dem Verfahren beizutreten. Gerade weil der Staat diese Beteiligung nicht vorschreibt, vielmehr ohne Rücksicht auf dieselbe in die Rechte der Interessenten eingreift, zwingt er diejenigen, welche ein für die Entscheidung bedeutsames Recht besitzen, entweder an dem Verfahren teilzunehmen oder ihr Recht unverteidigt zu lassen und damit vielleicht preiszugeben.

Alle diese Resultate, die sich in Bezug auf die Kosten des objektiven Verfahrens aus den Bestimmungen unserer Prozeßgesetze ergeben, sind offenbar höchst unbefriedigend und unzureichend und doch, wie es scheint, unvermeidlich. Es wäre Sache des Gesetzgebers, hier wie in anderer Beziehung die Bestimmungen über das objektive Verfahren zu ergänzen resp. zu verbessern, da sonst — wie es jetzt vielfach geschieht — auch in Zukunft die Praxis auf diesem Gebiete ihre eigenen Wege gehen und sich ihre Gesetze selbst machen wird.

[1] E XXII, 353, 354 führt aus, daß die Kosten der Verteidigung eines Interessenten nicht der Staatskasse auferlegt werden können.

Druck von Metzger & Wittig in Leipzig.

Kolibri 360 GmbH
Ferdinand-Jühlke-Straße 7
99095 Erfurt, Deutschland
produktsicherheit@kolibri360.de